計劃一下
享受一個輕巧自在的
悠哉小旅行

ことりっぷ co-Trip 小伴旅

名古屋

讓我陪你去旅行
一起遊玩好EASY～

走♪我們出發吧

抵達名古屋後…

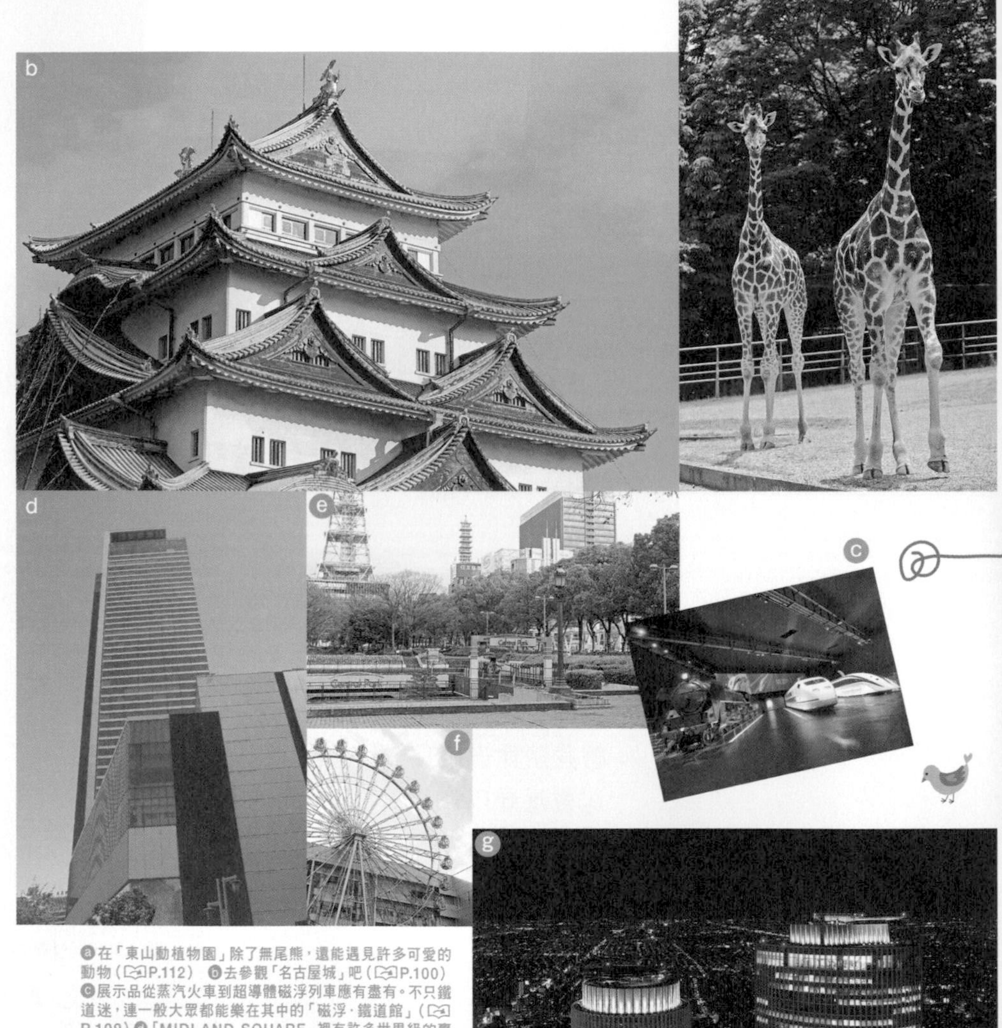

ⓐ在「東山動植物園」除了無尾熊，還能遇見許多可愛的動物（P.112） ⓑ去參觀「名古屋城」吧（P.100） ⓒ展示品從蒸汽火車到超導體磁浮列車應有盡有。不只鐵道迷，連一般大眾都能樂在其中的「磁浮・鐵道館」（P.109） ⓓ「MIDLAND SQUARE」裡有許多世界級的豪華商店&餐廳（P.62） ⓔ榮的中央公園綠意環繞，可說是一座都心綠洲（P.75） ⓕ榮街道上相當顯眼的「SUNSHINE SAKAE」摩天輪（P.75） ⓖMIDLAND SQUARE看出的的夜景閃耀著都會特有的眩目光芒（P.64）

終於到名古屋了。

那麼，接下來要做什麼呢？

探訪最新景點
或漫步在充滿個性的城市
有各種的遊玩方式可以選擇。

抵達名古屋站後，首先參觀話題性十足的高樓建築來振奮一下情緒吧！在榮逛逛街，之後到白壁或覺王山等充滿風情的街道散步，或是在博物館度過一段優雅的時光也不錯。

check list

- ☐ 在MIDLAND SQUARE享受高品味的購物樂趣 P.62-63
- ☐ 到榮尋找時髦的小物 P.76-81
- ☐ 到本山、東山公園來一趟雜貨&咖啡廳巡禮 P.90-93
- ☐ 到覺王山走走探險 P.96-97
- ☐ 到白壁沉浸在日式的風情之中 P.102-103
- ☐ 在Noritake的森林洋溢手作的心情 P.106-107
- ☐ 在東山動植物園和動物們作朋友 P.112-113

光是逛逛MIDLAND SQUARE裡這些充滿話題的店鋪就讓人興奮不已。 P.62

閑靜的白壁街道上，有許多復古的建築物。建議可以來這裡散步順便感受一下歷史的痕跡。 P.102

在覺王山的日泰寺參道上，並列著各種新舊交錯的個性派商店極為有趣。 P.96

在德川美術館參觀與德川家有淵源的寶物吧。廣大的日本庭園很適合散步。 P.104

Noritake的森林是有牽動少女心的美麗食器的寶庫。同時還能體驗彩繪的樂趣。 P.106

本山也有許多可以買到可愛雜貨的店（P.90）

抵達名古屋後…

ⓐ從日本各地有許多粉絲爭相造訪的人氣咖啡廳「coffee Kajita」(P.46)。店內匯集了世界各國精選的咖啡豆 ⓑ位在榮街道上別有風情的鰻魚飯三吃名店「いば昇」(P.18) ⓒ在精品店「chad」發現新的自己(P.78) ⓓ在「イグレックアサイ」的高雅空間裡度過優雅的片刻(P.42) ⓔ在東山公園的「ON READING」能夠邂逅獨具品味的書籍和雜貨(P.91) ⓕ可以感受到手工溫潤作品的「ハンドメイド雜貨店 てのり」(P.90) ⓖ本山「sahan」的餐具和用品擺設如同藝廊般精美(P.90)

要吃點什麼呢？

從堅守傳統口味的店家
到講究的餐廳
名古屋的美食富含個性又具深度。

除了代表名古屋在地美食的鰻魚飯三吃和味噌煮之外，名廚的店和自然派的咖啡廳也千萬別錯過。另外還有許多各國美食的餐廳，由此可知喜愛多元料理的名古屋人寬闊的包容心。

能同時滿足一份三吃的名古屋在地美食代表選手、鰻魚飯三吃。奢侈的味覺享受。P.16

鋪著雞蛋的番茄義大利麵。鐵板義大利麵是從小咖啡廳衍生而來。P.32

就在堅持有機食材的自然派咖啡廳裡，用大自然的力量幫身體充充電吧。P.38

check list

- □ 一份暗藏三種美味的豪華鰻魚飯三吃 P.16-19
- □ 非常下酒的炸雞翅 P.20-21
- □ 口感滑順的碁子麵 P.28-29
- □ 專為大人打造的豪華餐廳 P.42-43
- □ 極具魅力的甜點 P.54-57
- □ 自然派的午餐時光 P.38-39
- □ 咖啡相當美味的名古屋咖啡廳 P.46-47

要買些什麼呢？

許多想要一直用下去的
可愛雜貨和服裝，
以及美味的名產。

追求無論何時都想要放在身邊愛不釋手的雜貨、品味出眾的服裝，或是只有在名古屋才能遇見的獨特點心等，盡情地享受購物的樂趣。就將只屬於自己的珍愛物品伴隨美好回憶一同返家吧♪

本山、東山公園的雜貨店當中，匯集了不少讓生活更有樂趣又叫人心動的雜貨（P.90）

茶道文化深植的名古屋當中，也有許多的老舖與和菓子店。傳統的味道相當適合作為伴手禮。P.34

榮除了有百貨公司和購物中心外，街道上到處可見精品店等路面商店林立（P.79）

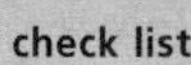

check list

- □ 在本山、東山公園尋找溫暖人心的雜貨 P.90-91
- □ 到大須來一趟二手服飾挖寶&品嘗特色點心 P.86-89
- □ 榮的精品店&路面商店 P.78-79
- □ 能放鬆心情的家具商品 P.84-85
- □ 讓人心動的名古屋點心 P.36
- □ 有松絞染的可愛雜貨 P.116-117

小小的旅行建議書

到名古屋玩3天2夜

高樓林立的都市、空氣清新的城鎮、極具風情的懷舊街道等，名古屋展現著各種不同的風貌。這裡就為大家介紹能充分享受品味這份魅力的建議路線。

第1天

首先到車站旁醒目的高樓建築逛逛。之後再到氣氛特殊、充滿風情的街道散步吧。

能在離地70m高的Sky Street空中走廊眺望街景

10:30
JR中央雙塔
（P.64）當地暱稱為Towers，可說是名古屋的地標之一。同時JR名古屋高島屋也進駐在此。

12:00
在JR中央雙塔12F的三星主廚餐廳**ブラッスリーポール·ボキューズラ·メゾン**（P.71），享受優雅的午餐。

到巧克力名店ピエール マルコリーニ 名古屋（P.54），點一客豪華的聖代稍作休息

13:30
MIDLAND SQUARE（P.62）
匯集了多家讓人憧憬的名牌精品店。另有高品味的雜貨店鋪和世界級的一流餐廳♪

16:00
白壁地區隨處可見從前留下的風雅建築。閑靜的住宅街道中，佇立著高雅的餐廳和咖啡廳。（P.102）

從古至今不曾改變的名古屋街頭地標

18:00
內有餐廳和咖啡館，不時也會舉辦活動的**名古屋電視塔**（P.75）。同時能在此欣賞美麗的夜景。

在有著沉穩氛圍的店內放鬆享用

19:30
晚餐就享用**名古屋著名的雞翅膀！風来坊 錦店**（P.20）的雞翅膀熟成醬汁的美味令人難以抵抗。

第2天

接觸手作工藝文化，探訪無尾熊療癒身心。順道逛逛匯集了咖啡廳和雜貨商店的精緻商圈。真是行程豐富的一天♪

9:00
出發觀光前，先填飽肚子。到**シャポーブラン サンロード店**（P.31）品嘗分量滿點的名古屋早餐吧。

12:00
午餐就小小的奢侈一下、來品嘗代表名古屋在地美食的鰻魚飯三吃吧。**宮鍵**（P.18）的鰻魚飯肉質鬆軟、外皮酥脆堪稱絕品。

10:30
在**Noritake的森林**（P.106）裡，發掘名古屋引以為傲的Noritake食器之祕。可以在這裡找尋喜愛的食器，還能體驗餐具彩繪的活動♪

也有販賣
食器和雜貨

13:30
在**東山動植物園**（P.112），可以見到無尾熊和長頸鹿等可愛的動物們。另外還有腹地廣大的植物園和遊樂場喔。

可以嘗試
餵食長頸鹿

16:00
到深受自然派喜愛的精緻商圈本山、東山公園，逛逛充滿店主個性的咖啡廳及雜貨店鋪。**藥草labo棘**（P.92）是有著香草香氣的商店。

享用藥草labo棘的香草茶和餡蜜小憩片刻

到HULOT graphiques（P.91）挑選雜貨♪

综合味噌關東煮
是這裡的
超人氣料理

18:30
名站的高樓建築之間，並排著許多由古老商家改建而成的餐廳。晚餐就到能品嘗名古屋在地美食和鮮魚的**和志かぶと屋**（P.73）吧。

第3天

名古屋城和味噌炸豬排
千萬不能錯過♪
在2處人氣地區尋找
時髦小物吧。

10:00
前往擁有著名金鯱坐鎮的**名古屋城**（P.100）。在廣大的腹地內悠閒散步，觀賞四季花卉。

當然也要參觀國家指定名勝的二之丸庭園

12:00
午餐到味噌炸豬排的名店**「矢場とん」**（P.24），品嘗分量十足的鐵板炸豬排。這裡一到中午就大排長龍，相當有人氣。

銷售歐風服飾的
ジムノペディア
（P.87）

13:30
帶些許獨特氛圍的大須，是二手服飾和小吃的寶庫。感受下町氣氛的同時，不妨也試著沉浸在這條商店街的力量裡。

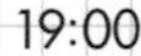

大須的人氣吃透透美食，炸雞在李さんの台湾名物屋台本店（P.88）享用

另有販售店家引以為傲的味噌醬

16:00
接下來去榮逛逛高雅的精品店和雜貨商店，享受購物的樂趣。在旅途中發現自己新的個性也是一件極為有趣的事。

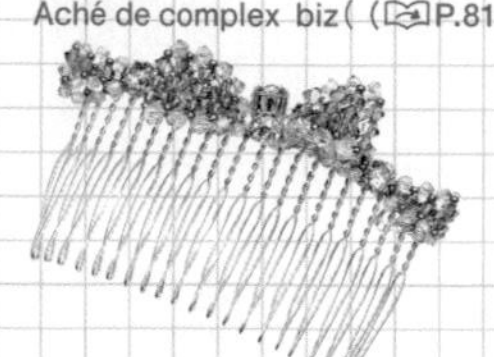

可以找到非常漂亮的雜貨
Aché de complex biz（（P.81）

除了chad（P.78）之外，還有許多充滿品味的商店

19:00
回去之前，到百貨地下街挑選伴手禮（P.60）。買一份名古屋名產的便當，在回程路上沉浸在旅途的餘韻也不錯。

我的旅行
小法寶

擬定計畫的訣竅

利用地下鐵穿梭市內相當方便。這幾年，路線的開通極為發達，因此可以利用轉乘的方式，有效率地逛遍四周景點，若是有時間，不妨到常滑或是瀨戶等郊外的城鎮走走，說不定還能有更多的新發現。

第1天

名古屋站
↓
逛逛「JR中央雙塔」
（順道去高島屋購物）
↓
在「ブラッスリーポール·ボキューズ
ラ·メゾン」享受豪華午餐
↓
在「MIDLAND SQUARE」
優雅的購物
↓
到懷舊的白壁地區散步
↓
在「名古屋電視塔」欣賞夜景
↓
在「風来坊 錦店」品嘗雞翅膀
↓
住宿在名古屋市內

第2天

在「シャポーブラン サンロード店」享用名古屋式的早餐
↓
到「Noritake的森林」散步＆挑選食器
↓
在「宮鍵」優雅的享用鰻魚飯午餐
↓
到「東山動植物園」和動物們作朋友
↓
到本山、東山公園來一趟雜貨＆咖啡廳巡禮
↓
在名駅、町家通一帶享用晚餐
↓
住宿在名古屋市內

第3天

到「名古屋城」散步
↓
在「矢場とん」品嘗分量十足的
味噌炸豬排
↓
到大須挖寶尋找珍奇小物
↓
到榮逛逛雜貨和精品店
↓
在地下街挑選伴手禮
↓
從名古屋站返家

my memo

大略地介紹一下名古屋

若是要購物或是享受美食，可到名駅和高品味店家匯集的榮。
在飽嘗繁華街道的樂趣之後，也非常建議可以到周邊地區走走！
在市內移動利用地下鐵和巴士十分便利。

想知道現在的名古屋

P.62~

名駅（めいえき）

超高層建築物林立，集合最多話題的名古屋出入要塞。並有許多的高級專賣店進駐。

將名古屋站作為旅行的起點

車站內也有許多美味的店家
☞就在這裡享用早餐＆午餐如何呢？

名古屋站周邊隨處都是餐飲店。可以在地下街、商業大樓，以及與JR中央廣場相連的名古屋驛麵通等地填飽肚子，順便確認觀光行程。名古屋之旅，即將開始！

利用JR名古屋站時

首先
☞前往觀光服務處

在中央廣場設有觀光服務處。欲取得目的地的情報，或不確定交通路線時都可以到這裡諮詢。

迷路時就以櫻通口為目標
☞地下鐵、市巴士也是從這裡搭乘

名古屋站的東側出口稱為「櫻通口」、西側則是「太閤通口」。地下鐵和市巴士的乘車處皆在櫻通口。

想感受下町風情

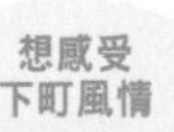

大須（おおす）

七條東西南北走向的拱廊商店街。享受邊購物邊到處吃的樂趣。

利用近鐵名古屋站時

地下鐵、市區巴士的轉乘
☞走地下中央廣場相當方便

電車的月台位在地下。就這樣穿過地下的驗票口，直接往地下鐵或市區巴士的乘車處方向前進即可。

利用名鐵名古屋站時

地下鐵、市區巴士的轉乘
☞走中央驗票口相當方便

欲前往地下鐵或市區巴士的乘車處的話，就利用中央驗票口吧。出驗票口後，從面前的樓梯下去，之後再往左手邊的樓梯前進，就能通往目的地乘車處。

想要嘗試戶外活動

P.110、111

名古屋港（なごやこう）

水族館和遊樂園等設施都集中在這個區域。推薦給想要盡情玩樂的人。

車站內也有販售名古屋伴手禮的商店。觀光前先看好欲購買的商品，回程時就可以不慌不忙地將伴手禮打包帶回家。

關於名古屋的觀光
名古屋市金山觀光服務處 ☎052-323-0161
綠洲21i中心 ☎052-963-5252
名古屋市名古屋站觀光服務處 ☎052-541-4301

想參觀金鯱

P.100、101

名古屋城（なごやじょう）

因天守閣金碧輝煌的金鯱而廣為人知的名古屋城，就是名古屋的象徵。

想要悠閒的散步

P.102、103

白壁～德川園（しらかべ とくがわえん）

這個區域是有名的「文教地區」，可以在這充滿歷史氣息的街道中悠閒的散步。

想要遇見「這個、好可愛」

P.90～93 96、97

本山、東山公園、覺王山（もとやま ひがしやまこうえん かくおうざん）

日泰寺參道好不熱鬧的覺王山，和路邊商店隨處可見的本山、東山公園，都是能悠閒搜尋雜貨的好去處。

想要享受購物樂趣

P.74～83

榮（さかえ）

多間百貨公司和購物商場都齊聚在這塊名古屋的中心地。電視塔的位置，也是在這個區域裡。

東西向延伸的廣小路通連結著名站、榮、覺王山和本山。建議在天氣好的日子，也可以利用散步的方式逛逛。

利用電車和巴士玩遍名古屋

來往名古屋市內的主要景點，大部分搭乘地下鐵都OK！另外在前往目的地的途中能欣賞風景的市區巴士也相當有人氣，因此就讓我們巧妙的靈活運用，一起拓展行動範圍吧。

資訊

地下鐵乘車處

連結名古屋站的地下鐵有東山線和櫻通線2條路線。東山線的月台在北、中、南各有3個出口。搭乘榮方向的電車要往中、南出口，而反向的高畑方向則以中、北出口較為方便。櫻通線的月台就在JR名古屋站正下方的位置，中、西、東出口都非常方便。

巴士乘車處

名古屋站的市巴士乘車處，主要有出了JR名古屋站櫻通口後左側，與名鐵百貨店前、MIDLAND SQUARE前等。巴士的目的地不同，就需在不同的乘車處搭乘，應先在官網等確認好。此外，行駛到名古屋郊區觀光景點的名鐵巴士，則在名鐵百貨男士館的3、4樓設有乘車處。

巴士要從前門搭乘、後門搭乘？先付款？

市巴士是從前方的門上車先付款，從後方的門下車（基幹2系統除外）。而名鐵巴士則是從後方的門上車，車資在下車時到前方支付。

活用免費Wifi開啟資訊網頁

名古屋市交通局的網頁裡，提供市巴士和地下鐵的時刻表和轉乘資訊、市巴士到站資訊等多元資訊。懂日文的人可以多加利用，另有英文和簡體中文網頁供選擇。

名古屋市交通局 搜尋

往榮…

從地下鐵名古屋站搭乘東山線到榮站5分、200日圓。欲乘坐巴士，可從名古屋站（6）號乘車處，搭乘名站16東往新町方向在榮下車，14分、210日圓。

往大須…

從地下鐵名古屋站搭乘東山線到伏見。再轉乘鶴舞線到大須觀音站11分、200日圓。欲乘坐巴士，可從名古屋站（4）號乘車處，搭乘名站18往名鐵神宮前方向在大須下車，16分、210日圓。

往本山、覺王山…

從地下鐵名古屋站搭乘東山線到覺王山站14分、240日圓。到本山站16分、270日圓。

這裡是搭乘地下鐵、市區巴士的重點

地下鐵

- 名古屋～榮～覺王山～本山等，連結這些人氣地區的是地下鐵「東山線」。記住這個黃色記號的引導標示吧。
- 若是乘車次數多，地下鐵、市區巴士全線可自由搭乘的週末環保車票和一日乘車券相當划算。（→細節請參照P.130-131）。

市區巴士

- 週末環保車票、一日乘車券在車內也能購買。（※部分除外）
- 若是要了解充滿元氣的名古屋，可試著從名古屋站（6）號乘車處搭乘榮758系統的巴士。這是從名古屋站到榮、矢場町等環繞市中心的路線。

往舊豐田佐助邸…

前往這個地區利用巴士比較方便。從名古屋站（2）號乘車處，搭乘基幹2往光ケ丘方向在白壁下車，19分、210日圓。

往名古屋城…

從地下鐵名古屋站搭乘東山線到榮站。轉搭名城線到市役所站11分、240日圓。欲乘坐巴士，可從名古屋站（2）號乘車處，搭乘基幹2往光ケ丘、豬高車庫方向在市役所下車，15分、210日圓。

往名古屋港…

從地下鐵名古屋站搭乘東山線到榮站。再轉搭名港線到名古屋港站24分、270日圓。

若是約在名古屋站集合，通常都會約在JR中央大廳的「金鐘」下。

ことりっぷ co-Trip 小伴旅 名古屋

CONTENTS

名古屋在地美食的「必點」美味

除了鰻魚飯三吃，還有碁子麵和炸蝦…
說到名古屋的旅行樂趣應該就是指這些「名古屋在地美食」了。
這些作為名古屋特有的飲食文化
備受喜愛的名物料裡，
現在在全日本也受到矚目。
在這裡就為大家介紹，
吃過一次便難以忘懷的
火熱「名古屋在地美食」。

名古屋在地美食的代表，鰻魚飯三吃 無論如何也想特地造訪的那間名店

鰻魚飯三吃是將精心燒烤的鰻魚切成小塊，鋪在白飯上一同享用。
「あつた蓬莱軒」在日本擁有極高的人氣，甚至將「ひつまぶし」申請為商標，
就讓我們放鬆心情，沉浸在這至高的美味和優雅的用餐氛圍裡吧。

全日本粉絲為追求這創業約140年的傳統口味，紛紛爭相前來的名店

あつた蓬莱軒 本店

‖熱田‖ あつたほうらいけんほんてん

1873年（明治6）年創業的老舖鰻魚料理店，招牌菜色是鰻魚飯三吃。為了品嘗這足足使用一尾半的鰻魚所製作出分量滿點的鰻魚飯，從遠方來訪的客人絡繹不絕。祕傳醬汁滲透的熱呼呼鰻魚，獨特的口感極具深度，是讓人回味無窮的傳統口味。

☎052-671-8686
熱田区神戸町503 11:30～14:00、16:30～20:30 休週三（逢假日則營業） P有 地下鐵名城線傳馬町站步行6分
MAP 別冊3B-3

前身是開在熱田神宮旁，神宮投宿站遺跡的料理屋。這裡能感受到特有的古蹟氛圍

約有140年歷史的雅緻建築

面對著日式庭園別有風情

教大家如何享用鰻魚飯三吃♪

1 首先將日式飯箱內的鰻魚飯分成四等份

先用飯杓分成四等份。原本就附在日式飯箱裡所以相當容易劃分

2 第一碗 品嘗原味

首先一開始，不加任何佐料，細細品嘗鰻魚和醬汁吧

3 第二碗 加入佐料

接下來隨個人的喜好，加入蔥花、芥末或是海苔等佐料

4 第三碗是茶泡飯 第四碗依最喜愛的方式品嘗

第三碗是清爽風味的茶泡飯，而最後一碗就用最愛的口味畫下完美的句點吧

鰻魚飯三吃是何種料理？

這道料理是將蒲燒鰻魚切成小塊，鋪滿在裝入日式飯箱的白飯上。從明治末期宴會料理當中的一道餐點演變而來。據說原本是大家一起分食的料理，為方便拿取而將魚肉切塊。

鰻魚美味的祕・密

將鰻魚先放入井水中，去除臭味和多餘的油脂後再進行調理。

之1 備長炭

使用紀州最高級的備長炭。將表面充分火烤，即使做成茶泡飯還能品嘗到特有的口感

之2 醬汁

一子相傳、門外不出的祕傳醬汁調配，甚至不能向廚師透露，要在廚房外進行

之3 燒烤

就如俗語說的「串魚三年、剖魚八年，燒烤一生」，燒烤需要長年的經驗和技術，只有熟練的職人才能勝任

已註冊為商標的鰻魚飯三吃3600日圓

受到女性歡迎的人氣小菜料理Check

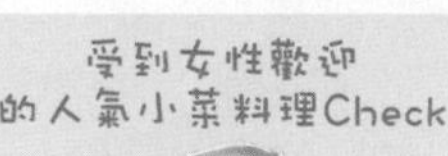

桔醋魚肝（數量限定）950日圓
富有彈性的口感和如魚白般溫和飽滿的風味深具魅力。酸桔醋讓味道更加清爽。

分店也同樣美味

神宮店‖熱田‖

就位在熱田神宮的正旁邊。1樓是桌椅座位，2樓則是和式座位區。較本店少人，較為方便。

☎052-682-5598 MAP 別冊3B-3

松坂屋店‖矢場町‖

位在松坂屋南館10樓，在購物之餘前來的客人絡繹不絕。另設有和式座位，能盡情享受一段奢侈時光。

☎052-264-3825 MAP 別冊10D-3

松坂屋地下店‖矢場町‖

外帶專賣

可以將名店的美味帶回家或是作為伴手禮。附佐料和湯汁的外帶用鰻魚飯三吃，售價也和在店內享用時一樣是3570日圓。

☎052-264-3761 MAP 別冊10D-3

便當尺寸是15cm × 11cm × 4.5cm

本店時常大排長龍相當具有人氣。建議等待時可到熱田神宮散散步。另外在神宮店可以品嘗限定料理「白燒沙拉」。

在名店匯集的鰻魚飯三吃屋 找尋自己喜愛的口味吧♪

飽嘗散發鰻魚油脂香氣的豪華鰻魚飯三吃，
是鰻魚的名產地・愛知特有的美味。
就讓我們一起探訪這些香甜四溢的誘人名店吧。

美味的祕訣就在醬汁！壺底醬油&醬油的濃醇醬汁

直火仔細燒烤而成的鰻魚飯三吃，九州產鰻魚附湯2950日圓

いば昇

‖錦‖いばしょう

用壺底醬油和醬油混合調製的醬汁滋味豐富，讓火烤後的鰻魚香氣更上一層。在燒烤過程中滴落多餘油脂的鰻魚，搭配上煎茶製成的茶泡飯，其清爽高雅的風味備受女性顧客青睞。

☎052-951-1166
⌂中区錦3-13-22 ⏰11:00～14:30、16:00～20:00 休週日、第2、3週一 P無 🚉地下鐵東山線或名城線榮站步行3分 MAP別冊9C-4

寬廣舒適的空間

散發著美味的香氣

宮鍵

‖伏見‖みやかぎ

能同時享受鰻魚料理和雞料理的老鋪。除了用祕傳醬汁蒲燒而成的鰻魚飯三吃之外，還有三河赤雞做成的「親子丼」，和使用八丁味噌的「味噌雞肉鍋」等具有名古屋風味的人氣料理。

☎052-541-0760
⌂中村区名駅南1-2-13 ⏰11:30～14:00、17:00～21:00 休週六（連休時、冬季、夏季不定休）P有特約P 🚉地下鐵東山線、鶴舞線伏見站步行8分 MAP別冊6D-4

大多是和式座位，共120席

明治32年創業的老鋪

肥嫩的鰻魚帶著恰到好處的油脂

肥嫩多汁的鰻魚飯三吃，附佐料3500日圓。

愛知縣是鰻魚的名產地

說到鰻魚養殖，也許大家都會聯想到濱名湖，但其實日本市町村的產量中第一名是在愛知縣西尾市的一色町。據說從1983（昭和58）年以來，就從來沒有把第一的寶座讓出過呢。

大松

‖大須‖だいまつ

將愛知縣一色町產的鰻魚先烤過，再沾上從創業持續使用至今的百年醬汁一同火烤，香味撲鼻。平日11：00開始到15：30的午餐時段，附湯的超值迷你鰻魚飯三吃相當具有人氣。

☎052-259-7668
⌂中区大須3-30-93 ⏲11:00～19:50 休週三 P無 🚉地下鐵名城線或鶴舞線上前津站步行5分 MAP別冊10D-4

在下町名店享受超值的鰻魚飯三吃

迷你鰻魚飯三吃1700日圓（平日和週六的午餐時段是850日圓）

位在繁華的大須鬧街當中

ひつまぶし名古屋備長 ESCA店

‖名駅‖ひつまぶしなごやびんちょうエスカてん

這間鰻魚飯三吃的專賣店最大的特色是用備長炭來燒烤鰻魚。炭烤特有的表面酥脆、內部鬆軟的口感，正是展現職人的技術。可外帶，而位在名駅的地理位置在交通上來說也相當方便。

☎052-451-5557 ⌂中村区椿町6-9 ESCA地下街 ⏲11:00～15:00、17:00～21:15（鰻魚賣完即打烊）休準同ESCA營業日 P有特約P 🚉JR名古屋站即到 MAP別冊6A-4

具設計感的店內充滿木質的溫暖

用備長炭火烤香氣四溢的鰻魚

鰻魚飯三吃（附湯、醬菜3348日圓。利用炭火仔細燒烤而成

うなぎ・和食 しら河 浄心本店

‖浄心‖うなぎわしょくしらかわじょうしんほんてん

開店以來一直使用降低甜度比例的香醇醬汁來製作鰻魚飯三吃。將嚴選的鰻魚直接火烤不先進蒸籠，呈現出魚肉表面酥脆、當中鬆軟的絕妙口感。另備有鰻魚煎蛋捲和烤魚肝等小菜料理。

☎052-524-1415
⌂西区城西4-20-12 ⏲11:00～14:30、17:00～21:00 休無休 P有 🚉地下鐵鶴舞線淨心站即到 MAP別冊5A-1

肥厚的鰻魚是開店至今不變的美味

壺底醬油調製的醬汁呈現出滋味豐富的鰻魚飯三吃2450日圓

1953（昭和28）年創業的店

鰻魚的享用方式似乎依照各店而有些微的差異。不妨詢問每間店的用餐流程，了解當中的不同之處，也許更能增添用餐時的樂趣喔。

吃過一次就忘不掉的鹹鹹甜甜炸雞翅

即使作為名古屋名產的歷史尚淺，知名度卻相當響亮。
除了基本的「鹹甜」口味，
還要了解每家店的特色，才能算是道地的名古屋通。

從山ちゃん打聽來高超的炸雞翅吃法

辣味雞翅和啤酒真是絕配！

世界の山ちゃん本店

‖榮‖せかいのやまちゃんほんてん

在北海道、關東、關西、廣島和熊本都設有分店的炸雞翅名店。店內傳來的炸雞翅香氣不停挑動著食慾。好吃的重點在祕傳醬油調製的鹹甜醬汁和椒麻胡椒。是一道相當下酒的美味。

☎052-242-1342 中区栄4-9-6
17:30～23:55（週日、假日17:00～22:30）休無休 P無
地下鐵東山線、名城線榮站步行5分 MAP別冊10F-2

現在已是全日本共同的好味道，夢幻炸雞翅464日圓（一人份5隻）

老闆模樣的註冊商標吉祥物在門口迎接

靈光乍現之下誕生的元祖炸雞翅店

風来坊 錦店

‖榮‖ふうらいぼうにしきてん

位在榮鬧區的炸雞翅老店。先用低溫油炸到八分熟後，再移到高溫的油鍋中二次油炸。用老闆親調的醬汁所製成的炸雞翅，表面酥脆、裡面滿滿的肉汁，口感十足。

☎052-961-3367
中区錦3-18-12 MINEX88 3F
17:00～23:45 休不定休
P無 地下鐵東山線、名城線榮站即到
MAP別冊10D-1

熟成醬汁入味的炸雞翅486日圓（一人份5隻）

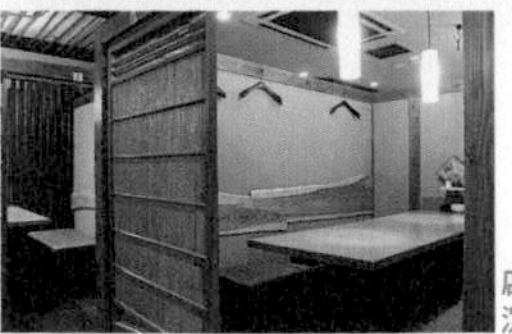

店內充滿木質的沉靜氛圍

將部位名稱直接作為菜色名

雖然正確的料理名稱應是「炸雞翅」，但名古屋內大多省略成「雞翅」。據說這是來自「風来坊」老闆的構想。

在具有歷史的居酒屋內品嘗鮮嫩多汁的炸雞翅

秘訣就在這祕傳的鹹甜醬汁
本家酥炸雞翅486日圓（3支）

伍味酉本店

‖榮‖ごみとりほんてん

用名古屋特有的鹹甜醬汁製成的本家炸雞翅，肉厚多汁相當美味。除了雞翅，還有赤味噌料理和名古屋交趾雞料理等，是一間匯集了許多名古屋美食的店。

☎052-241-0041
中区栄3-9-13
17:00～翌4:30 休 無休
P 無 地下鐵東山線、名城線榮站步行5分
MAP 別冊11C-2

店內擺放的古董，讓人深刻感受到創業50餘年的歷史

品嘗種類豐富的燒酌和炸雞翅的樂趣

好みの辛さを注文できる**手羽先唐揚げ432円**(1人前5本)

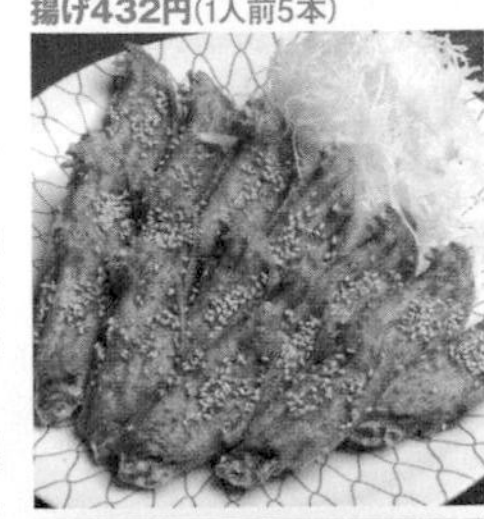

つばさや 伏見店

‖伏見‖つばさやふしみてん

用祕傳醬汁醃漬入味的雞翅，是創業30年以來不曾改變的招牌菜色。其他還有特製味噌鐵板燒（756日圓）等人氣料理。另備有種類豐富的燒酎，可供客人盡情品嘗。

☎052-202-3123
中区錦2-16-16 金春ビル1F
17:00～23:30 休 週日
P 無 地下鐵東山線、鶴舞線伏見站即到
MAP 別冊9B-4

與旁邊座位設有隔廉分開，能享受放鬆暢快的用餐時光

在沉靜的和式空間裡享用交趾雞的雞翅

使用新鮮的名古屋交趾雞
交趾炸雞翅697日圓

樞 栄店

‖榮‖くるるさかえてん

能在以日式暖桌座位為主的沉靜空間裡，享用附有證書的名古屋交趾雞創作料理。當然這裡的炸雞翅也是使用交趾雞製作，鮮嫩多汁的肉質備受好評。

☎052-241-7772
中区栄3-9-14
17:00～24:00 休 無休
P 無 地下鐵東山線、名城線榮站步行5分
MAP 別冊11C-2

備有全家一同用餐也能安心的半開放和式座位

雞翅部門最高金獎連3次獲獎的雞翅膀

經過兩次油炸，保留當中肉汁的名古屋交趾炸雞翅720日圓

鳥開総本家 名駅西口店

‖名駅‖とりかいそうほんけ めいえきにしぐちてん

使用名古屋交趾雞和三河土雞等的雞肉料理餐廳。以只使用嫩雞的雞翅膀最負盛名，以有嚼勁的肉質和美味著稱。曾榮獲日本炸雞協會主辦「酥炸雞大獎賽」的最高金獎，美味可見一般。

☎052-452-3737
中村区則武1-7-15
17:00～23:30（週日、假日～22:00） 休 週日 P 無
JR名古屋站步行5分
MAP 別冊5A-2

在散發沉靜氛圍的店內，品嘗創作料理

「世界の山ちゃん」有豐富的原創紀念商品。從帽子、手機吊飾、盤子到別針⋯。作為個性十足的伴手禮也很適合。

迷上外層酥脆、內餡飽滿彈牙的炸蝦

作為小朋友的必點套餐，暗藏懷念之情的"炸蝦～"是名古屋人最愛的料理之一。飽嘗包裹在香脆麵衣下的海味。

キッチン欧味

‖吹上‖キッチンおうみ

整尾掉出鐵板外的巨大炸蝦！

整尾快從鐵板掉出來的「超級特大號炸蝦」長30cm。同時還有牛肉燴飯和蛋包飯等道地的傳統菜色。週二另有女性限定的甜點供應。

☎052-734-0345
⌂千種区千種1-9-23
⏲11:00～15:00、17:00～22:00（週日、假日為21:00）
休 週一（逢假日則翌日休）
P 無 🚉 地下鐵東山線今池站步行2分 MAP 別冊5C-2

外帶也OK的特大號炸蝦堡1200日圓

Take Out!

在這間店能品嘗到懷舊的洋食風味

驚人的超級特大號炸蝦定食2700日圓

使用長約35cm野生蝦的特大海老ふりゃ～（2138日圓）

大海老太卷壽司1296日圓。特大海老ふりゃ～也可以外帶

Take Out!

位於直通JR名古屋站的地下街裡

海老どて食堂 エスカ店

‖名駅‖えびどてしょくどう エスカてん

以自製塔塔醬享用嚇人的特大號

備有各種炸蝦，其中尤以特大隻的蝦子以剪刀剪開，再沾上自己打碎雞蛋製成的塔塔醬食用的菜色備受好評。還有沾上味噌享用的新菜色。

☎052-459-5517
⌂中村区椿町6-9ESCA地下街
⏲11:00～21:00
休 準同ESCA營業日
P 有特約P
🚉 JR名古屋站即到
MAP 別冊6A-4

愛知縣的「縣魚」是明蝦

大多用來料理成炸蝦的明蝦，被愛知縣選定為縣魚。同時作為該縣的象徵之一也相當具有親切感。

はね海老

‖那古野‖はねえび

一份炸蝦足足用了一隻半的明蝦

蝦肉攤開後再疊上半隻蝦，成為這道分量滿點的個性派炸蝦。由上一代構思的「大型氣派料理」的橢圓形炸蝦備受好評，如今成了代代相傳的美食。

☎052-551-1671
⌂西区那古野1-20-37
🕒11:30～14:00、17:00～20:30
休 週一、第3週二 P 無
🚉 地下鐵櫻通線國際中心站步行7分 MAP 別冊7D-2

也很推薦
外帶來代替
鐵路便當

店鋪位在圓頓寺商店街裡

推薦的炸蝦730日圓

コンパル メイチカ店

‖名駅‖コンパルメイチカてん

引以為傲的大分量三明治

除了大須本店之外，在名古屋市內另有八間分店的咖啡廳老鋪。絕不使用防腐劑、現點現炸的炸蝦三明治相當有人氣。可接受外帶。

☎052-586-4151
⌂中村区名駅3-14-15 メイチカB1F 🕒8:00～21:00
休 無休 P 無
🚉 JR名古屋站步行5分
MAP 別冊7B-3

美味的祕訣在特製塔塔醬的炸蝦三明治890日圓

讓多數客人再次登門光顧的三明治

すゞ家

‖大須‖すずや

使用自家製麵包粉打造的酥脆口感

薄薄地裹上一層自家製的細緻麵包粉油炸，呈現出清爽的口感。擠上檸檬汁一同享用風味更佳。不愧為老鋪洋食店，深受廣大年齡層的粉絲喜愛。

☎052-241-3752
⌂中区大須3-11-17 🕒11:00～14:45、17:00～20:45 休 週四(逢假日則營業) P 無
🚉 地下鐵名城線、鶴舞線上前津站步行5分 MAP 別冊11C-4

炸蝦和炸豬排綜合套餐3000日圓左右(時價)

在舒適的空間裡品嘗老店風味

據説キッチン歐味的炸蝦堡，因在百貨公司的特賣會和「愛・地球博」等地的限定販售中獲得好評，而放入該店的基本菜單中。

甜味噌和炸豬排的協奏曲 超下飯的味噌炸豬排

味噌炸豬排如今已成為全國知名的名古屋必點料理。
在炸豬排和味噌醬完美的搭配下，似乎可以來上好幾碗白飯。
就讓我們一起出發，在個性洋溢的店家之中找尋最愛的口味吧。

用熟成豆味噌熬製的天然釀造「味噌醬汁」

以使用精選豬筋提取美味的高湯和天然釀造豆味噌，製成創業至今口味未變的特製「味噌醬汁」聞名的人氣店。為追求這份美味，無論是本地或是遠道而來的客人們，在午餐時間就已經大排長龍。

在家裡也能享用矢場とん的美味味噌醬540日圓

六層樓建築的大樓入口，在午餐時間總是大排長龍

熱呼呼的鐵板炸豬排定食1836日圓

矢場とん

‖矢場町‖やばとん

☎052-252-8810
中区大須3-6-18
11:00～21:00 休 不定休
P 有 地下鐵名城線矢場町步行5分
MAP 別冊10D-4

感受歷史的痕跡 品嘗高雅的風味

1962（昭和37）年創業以來，就備受大家愛戴的洋食店。也使用在味噌炸豬排上的皇帝豚，是以麵包和年輪蛋糕等飼育的高級食材。軟嫩的肉質在入口的瞬間，不禁讓人感動驚艷。

秘傳的味噌醬讓人一吃上癮 特選里肌味噌炸豬排1620日圓

広小路キッチンマツヤ

‖伏見‖ひろこうじキッチンマツヤ

☎052-201-2082
中区錦1-20-22 広小路YMDビル1・2F 11:00～22:15（週六、日、假日～21:15） 休 無休
P 無 地下鐵東山線、鶴舞線伏見站即到
MAP 別冊11A-1

店內充滿懷舊氛圍的裝潢

人氣的關鍵就在現點現做的好味道

使用優質的肉品和麵包粉，再用新鮮植物油炸成，外皮酥脆而肉質鎖住了肉汁。可以選擇的3種醬汁，是濃郁的味噌醬汁，和使用紅葡萄酒的醬汁，以及蘿蔔泥搭配桔醋的醬汁。

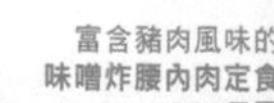

富含豬肉風味的味噌炸腰內肉定食860日圓

いし河

‖榮‖いしかわ

☎052-971-1340
中区錦3-23-31 栄町ビルB1F
11:00～15:00、17:00～20:30（週六、日、假日11:00～20:30）
休 無休 P 無 地下鐵東山線、名城線榮站步行3分
MAP 別冊11C-1

公認平價又美味的店家

味噌炸豬排其實是從炸串開始？！

說到味噌炸豬排，或許大家都會誤以為是在大塊豬排上淋上味噌醬的那種料理，但其實一開始是炸串。據說剛開始時是將炸串沾入燉煮後的味噌醬食用。

放入鍋內燉煮元祖味噌炸豬排丼的名店

在裝有味噌醬的鍋內加入炸豬排和雞蛋，煮到蛋半熟的狀態再豪邁的鋪在白飯上。滲入麵衣的味噌醬，是創業以來持續使用至今的傳統口味。半熟蛋讓滋味更顯圓融。

用味噌醬燉煮的
炸蝦丼1450日圓

元祖 味処 叶

‖榮‖がんそあじどころかのう

☎052-241-3471
住中区栄3-4-110
⏲11:00～14:00、17:00～20:00
休 週一 P 無
🚉 地下鐵東山線、名城線榮站步行3分 MAP 別冊10D-2

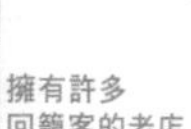

擁有許多
回籠客的老店

混合半熟蛋一起享用的
味噌炸豬排丼1200日圓

濃厚的味噌醬和清爽的蔥花超合拍

以黑豬肉為主的炸豬排專賣店。為呈現食材天然的風味，堅持不加鹽和胡椒。放入排骨燉煮八小時以上的醬汁，和蔥花融合成絕妙的好滋味。

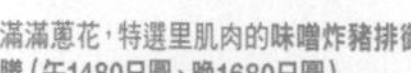

滿滿蔥花，特選里肌肉的味噌炸豬排御膳(午1480日圓、晚1680日圓)

黑豚屋 らむちい

‖榮‖くろぶたやらむちい

☎052-241-1664
住中区栄3-15-6 栄STビル B1F
⏲115:00、17:30～22:30（週日、假日～22:00） 休 無休 P 無
🚉 地下鐵東山線、名城線榮站步行3分 MAP 別冊10D-2

流洩爵士音符的沉靜店內

香脆的炸豬排淋上層次豐富的味噌醬

和食店位在ESCA地下街，匯集了味噌炸豬排和炸蝦等名古屋的油炸美食。將豬肉上的筋仔細剃除後，再用菜刀輕敲完成這道軟嫩的炸豬排。不會過膩的甘甜醬汁更讓人食慾大增。

事前準備工作繁瑣的人氣招牌菜
味噌炸豬排定食1300日圓

みそかつ双葉

‖名駅‖みそかつふたば

☎052-452-0666
住中村区椿町6-9 ESCA地下街
⏲11:00～21:00 休 準同ESCA營業日 P 有特約P
🚉 JR名古屋站即到
MAP 別冊6A-4

位在名古屋站的絕佳地理位置相當方便

無論在名古屋的超市或是便利商店，都能看到味噌炸豬排專用的調味味噌。各家庭會用來在炒菜、燉煮等料理方式時自由變化。

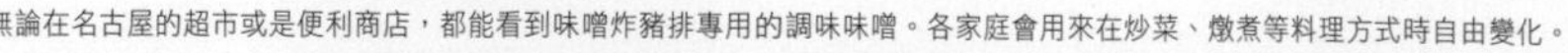

Q彈麵條和濃郁的湯頭 好想吃一次的味噌煮

掀開熱呼呼的鍋蓋，味噌煮在蒸氣中若隱若現。
以赤味噌熬製的高湯和Q彈麵條形成絕妙的融合。
是吃過一次便無法忘懷，屬於名古屋的特有風味。

滑順的湯頭和有彈性的麵條

加入雞蛋煮成的烏龍麵1058日圓。味噌風味顯著的人氣必點料理

山本屋総本家

‖榮‖やまもとやそうほんけ

第一次吃到的人，一定會相當驚訝這麵條的Q彈口感。用昆布、鰹魚和香菇熬煮而成的高湯，加入獨家比例的八丁味噌和白味噌調和出極具深度的風味。讓人不禁想盡情品嘗這份代表名古屋的老店滋味。

從大正時代開業至今的味噌煮專賣店，在全日本也有許多粉絲

☎052-241-5617
中区栄3-12-19 11:00～15:00、17:00～21:00（週六、日、假日11:00～21:00）
休 不定休 P 無
地下鐵東山線、名城線榮站步行10分
MAP 別冊11C-2

備受在地人愛戴 堅持傳統的現切手打麵

味噌親子海老鍋1103日圓。食材豐富相當有飽足感

まことや

‖川名‖

由於是客人點餐後再將現切的手打麵以短時間下鍋燉煮，因此能充分品嘗到麵條原本的風味。添加味醂的湯頭順口甘甜，與新鮮滑嫩的麵條極為搭配且容易入口，深獲顧客好評。

當地人也時常光顧的名店。每天早上製作的手打麵，無論口感或是風味都堪稱一絕

☎052-841-8677
昭和区檀渓通4-14
11:00～20:30
休 週五 P 有
地下鐵鶴舞線川名站步行10分
MAP 別冊4D-4

以精湛手藝搭配 數種味噌熬煮的絕品湯頭

加入天婦羅的味噌煮1050日圓。特色是手打細麵和香氣四溢的味噌

角丸

‖久屋大通‖かどまる

使用店主親自嚴選進貨的高品質味噌，再根據當天的氣溫和濕度調整味噌的混合比例，是一道功夫十足的料理。味噌煮的添加食材種類豐富，光從菜單挑選就樂趣十足。

從1926（大正15）年創業以來，持續守護這份味噌煮的風味

☎052-971-2068
東区泉1-18-33
11:00～19:30（週六～14:00）
休 週日、假日 P 無 地下鐵名城線、櫻通線久屋大通站步行3分
MAP 別冊8E-3

> **以砂鍋的蓋子來代替盤子**
> 砂鍋上桌後，首先檢查蓋子。如果沒有透氣孔的話可以將它拿來代替碗盤，把烏龍麵一點一點夾到鍋蓋內享用才是道地的吃法喔。

若要追求這彈牙的麵條 請在完售前入店

味噌煮850日圓。湯頭的味噌層次豐富，口感卻很清爽

五城

‖榮‖ごじょう

使用尾張特產的赤味噌、七寶味噌和二半味噌熬製的味噌煮口感溫和。手腳並用充分揉製的麵條，Q彈的嚼勁深具魅力。集合了各種定食的午間餐點也相當有人氣。

可以在店門口看見現場揉麵的樣子。店家自傲的麵食外帶也OK！

☎052-204-1995
⌂中区栄1-10-10
⏲11:00～15:00、17:00～20:00（各時段內售完打烊）
休 週日、週六晚、假日 P 無
🚉 地下鐵東山線、鶴舞線伏見站步行3分
MAP 別冊11A-2

在老街大須品嘗 味噌煮的專門店美味

味噌煮850日圓。附漬物和白飯的高人氣定食1150日圓

にこみのたから

‖大須‖にこみのたから

將味噌煮連同咕嚕咕嚕沸騰的砂鍋一起上桌，再配上白飯就是道地的名古屋流吃法。食材除了雞肉和蛋之外，還能加點年糕和天婦羅。享用味噌美味的同時，和健談的老闆聊天也相當有趣。

位在熱鬧的大須商店街，可以用合理的價格品嘗到名古屋的在地美食

☎052-231-5523
⌂中区大須2-16-17
⏲11:30～15:00、17:00～20:00（週日、假日11:30～20:00）休 週四（逢假日、18、28日是週三休） P 無 🚉 地下鐵鶴舞線大須觀音站步行5分 MAP 別冊11B-4

自家製的扁麵中 混合了兩種麵粉

味噌煮620日圓。特別訂做的砂鍋鍋蓋可當做碗盤分開使用

味噌煮込みのミッソ～ニ

‖鳴海‖みそにこみのミッソ～ニ

這間引人注目的味噌煮專賣店，有著讓人印象深刻的外觀裝潢和極具個性的店名。除了頂級赤味噌的風味和Q彈扁麵極為合拍的味噌煮深受好評之外，並推薦味噌田樂等小菜料理。

與獨特的外觀截然不同，散發著沉靜氛圍的店內

☎052-877-5777
⌂緑区鳴海町諸ノ木84-4
⏲11:20～14:30、17:30～20:30
休 週三 P 有 📍 地下鐵德重站搭市區巴士到諸ノ木口站下車即到
MAP 別冊3C-4

在便利商店也能輕鬆購入的味噌煮料理包，也很適合拿來作為伴手禮。

淡雅滑順的名古屋麵
傳統的口味，碁子麵

說到名古屋麵，就是從古流傳至今的傳統口味碁子麵。
請盡情享用這只用水、小麥粉和鹽做出來的麵條
Q彈的嚼勁和滑順的口感。

彷彿透明般
美麗淡雅的白碁子麵

㐂しや

‖池下‖きしや

纖細的薄麵，加上淡雅有力的湯頭彷彿為這碗麵注入了生命。湯頭的高湯最大的特色，是用自家製昆布鹽和柴魚片等天然素材熬製，絕不添加醬油。另有特殊單點的壺底醬油赤碁子麵（750日圓）。

在黃白光鎢絲燈照射下的原木風格店內，和風吧台座位別有雅趣

☎052-752-7114
⌂千種区仲田2-17-7 池下タワーズ1F ⏲17:30～23:00（週六、日、假日11:00～13:30、17:30～21:00）休週三（逢假日則營業）P無 🚉地下鐵東山線池下站步行5分 MAP別冊4D-2

白碁子麵的淡雅風味深獲女性歡迎，750日圓

驛釜碁子麵910日圓（醬油、味增、鹽）

在車站內輕鬆品嘗
Q彈的正統生麵

驛釜きしめん

‖名駅‖えきかまきしめん

只利用小麥粉和鹽做成的正統生麵，極富彈性的口感備受好評。口味除了基本的醬油之外，還有帶出纖細高湯甜味的鹽，外加名古屋特有的味噌可供選擇。附炸蝦飯糰的套餐組合也同樣受到歡迎。

就位在JR新幹線驗票口旁，從一早便開始營業

☎052-569-0282
⌂中村区名駅1-1-4 JR名古屋站內中央廣場
⏲7:00～22:30 休無休 P無
🚉JR名古屋站即到
MAP別冊7A-3

展現職人技術
薄中帶Q的麵條

香流庵

‖香流‖かなれあん

0.8～1mm薄的寬麵，口感相當滑順。店主曾任「名古屋手打麵研究會」前會長，可以看出對麵的極大熱情。重視柴魚片和四破魚等香氣與甘甜的高湯，也要好好地品嘗一番。

店內另設有和式座席，同時入口還能看見師傅現場製作手打麵的樣子

☎052-774-0368
⌂名東区山の手3-1607 ⏲11:00～20:30
休週三 P有 📍地下鐵一社站搭市區巴士到香流小學校巴士站下車，步行5分
MAP別冊3C-2

薄麵條下透出湯頭的色澤。碁子麵500日圓

碁子冷麵＝轉麵（ころ）

在名古屋碁子冷麵被稱為「轉麵」。據說是因如玉一般的麵在沾醬裡轉動的模樣而得名。

職人代代相傳 不曾改變的老鋪美味

川井屋

‖高岳‖かわいや

1921（大正10）年創業以來傳承至今的口味，是利用「手捏」「手延」「手切」的純手打麵才能呈現出的好滋味。口感滑順Q彈的碁子麵，和清爽的湯頭形成絕妙的組合。

散發老鋪風格的店內，充滿不被時代左右的沉靜氛圍

☎052-931-0474
東区飯田町31
11:00～14:00、17:00～19:20（※售完打烊） 休週日、假日 P有 地下鐵櫻通線高岳站步行15分 MAP別冊5C-1

放入剛炸好的炸蝦，海老蘿蔔泥碁子麵1360日圓

麵衣酥脆＆配料大方。天婦羅碁子麵910日圓

利用明治創業以來的製法 呈現天然食材的甘甜

よしだきしめん ESCA店

‖名駅‖よしだきしめんエスカてん

堅持只使用最高級的小麥粉和鹽所製作出來的麵，口感滑順中帶有嚼勁。從明治創業的製麵所到現在，店家始終貫徹不添加任何防腐劑。

ESCA店附近的「名古屋みやげ処」也有販賣許多外帶用的商品

☎052-452-2875
中村区椿町6-9 ESCA地下街
11:00～21:00 休準同ESCA營業日
P有特約P JR名古屋站即到
MAP別冊6A-4

從江戶時代祕傳 會呼吸的手打麵

総本家えびすや本店

‖榮‖そうほんけえびすやほんてん

店家重現江戶時代古文書裡的手打技法。每日在店頭手打的麵，是融合了名古屋特有的嚼勁和風味的自信之作。帶頭明蝦和蘿蔔泥的烏龍麵（1450日圓）等料理，同樣分量滿點相當有人氣。

座位寬敞，能邊飲酒邊輕鬆享用碁子麵或烏龍麵

☎052-961-3412
中区錦3-20-7 11:00～翌1:00（週六、假日～21:00） 休週日 P無
地下鐵東山線、名城線榮站步行5分
MAP別冊9C-4

簡單卻層次豐富的口味是店家的自信之作。碁子麵800日圓

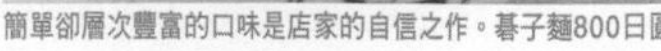

比烏龍麵更容易吸水的碁子麵不能久放，要在還保有Q彈的狀態下迅速吃完才道地。

無論服務或是分量都滿分 活力的來源就在名古屋早餐

只需飲料的價錢便能搭配各種食物，這就是名古屋的早餐服務。
土司和水煮蛋是基本菜色，當中甚至還有飯糰和甜點。
就來品嘗這裡的早餐，感受一下名古屋特有的咖啡廳文化。

只需一杯咖啡的價錢 就能選用和風早點

白壁カフェ 花ごよみ

‖白壁‖しらかべカフェはなごよみ

位在白壁地區的和風咖啡廳。早餐有附茶碗蒸的茶泡飯或飯糰可供選擇。天冷時還有熱粥供應。另外各種日式食材製作的料理，和搭配夜晚酒精飲品的小菜也同樣受到歡迎。

☎052-931-2346
⌂東区主税町4-72 アーバニア主税町1F ⓒ7:30～22:30（午餐11:00～14:00） 休無休 P有
🚉名鐵瀨戶線尼ヶ坂站步行8分
MAP別冊5C-1

熱咖啡和飯糰等的和風早點套餐

除了右邊的飯糰，另可選擇附佐料的茶泡飯

可選擇茶泡飯（冬天是熱粥）or土司or飯糰

如日本料理店的外觀

店內是充滿和式氛圍的開放空間

富含維他命的 水果早餐

トップフルーツ 八百文

‖櫻山‖トップフルーツやおぶん

在陳列各式水果的店內，販賣營養價值滿點的新鮮果汁。早餐時段能以飲料的價錢搭配各種的當季水果。使用30種以上的水果午餐（1680日圓～）也相當有人氣（需預約）。

☎052-852-0725
⌂瑞穂区汐路町1-5
ⓒ8:00～18:00 休無休 P有
🚉地下鐵櫻通線櫻山站步行6分
MAP別冊 4 D-4

能以果汁的價格享用營養均衡的早點早餐套餐

滿滿的柿子果肉。熱柿子汁450日圓

100%頂級哈密瓜汁1080日圓

當季水果拼盤。盛產季的水果最棒

早餐菜單
8:00～10:30
當季水果
+
土司
+
ISO認定的水煮蛋

匯集各種新鮮水果的水果店

店內的咖啡廳座位區

發源於名古屋近郊的咖啡廳

名古屋的早餐服務登場於1960年代。據說發祥地在名古屋近郊的一宮市（另有一說是豐橋市），之後才漸漸推廣到周邊的都市。

早上就要吃飽 早餐烘焙坊
シャポーブラン サンロード店

‖名駅‖シャポーブランサンロードてん

由於位在通勤據點的名古屋站地下街，早餐時段總是高朋滿座。每日約有10種的現做麵包供應。三明治通常是做好放在旁邊。一律只要490日圓的飲料費就能享受吃到飽的服務。

交通便捷，在觀光客當中也相當有人氣的店家

☎052-551-2551
中村区名駅4-7-25 サンロード地下街 7:30～21:00（週日、假日～20:30） 休無休
P無 JR名古屋站即到
MAP別冊6B-4

各種種類的麵包和三明治都是吃到飽

無論是鹹麵包或是甜麵包 通通都是吃到飽
シャンテ・コジマ

‖原‖

由於販售的是現做的麵包和蛋糕，因此過夜的手工甜麵包和鹹麵包就提供吃到飽的獨特早餐而深受歡迎。下午之後，另有點用飲料附贈現烤麵包1個的服務。

位在閑靜住宅區的店鋪

☎052-802-5590
天白区中平1-701
7:00～20:00
休週二、第3週三、8月臨時公休 P有 地下鐵鶴舞線原站步行8分 MAP別冊3C-3

只要飲料費就能享用前日麵包吃到飽的服務

超人氣的紅豆三明治 早餐全天候供應
モーニング喫茶リヨン

‖名駅‖モーニングきっさリヨン

到關店前的傍晚17時58分都有早餐供應。單付飲料的價錢，就能同時選擇紅豆烤三明治或蔬菜烤三明治等六種口味。另有紅豆早點套餐（650日圓）。

名古屋站附近的家庭式餐廳

☎052-551-3865
中村区名駅南1-24-30 三井ビル本館B1F 8:00～18:00
休不定休 P無
JR名古屋站步行5分
MAP別冊6B-4

作為名古屋美食廣為人知的紅豆烤三明治

發現名古屋式早餐的3個要素，1.從早開始營業、2.懷舊的氛圍、3.當地客人多。不妨試著找找看。

另外還有許多個性派的名古屋美食

其他還有許多讓人印象深刻＆充滿活力的名古屋美食。
甚至可以說是家喻戶曉的名古屋美食始祖，
在這裡就為大家挑選一些嚴守傳統口味的店家。

手工製作特有的飽滿度深具魅力

炸蝦飯糰

めいふつ 天むす 千寿

‖大須‖めいふつてんむすせんじゅ

1980（昭和55）年創業，使用嚴選越光米和天然小蝦，親手捏製每一個飯糰。12時到14時的午餐時間能在店內用餐，享受現做的好滋味。外帶可事先電話預約。

☎052-262-0466
中区大須4-10-82
8:30～18:00（售完關店）
休 週二、三 P 無
地下鐵名城線、鶴舞線上前津站步行3分 MAP 別冊10D-4

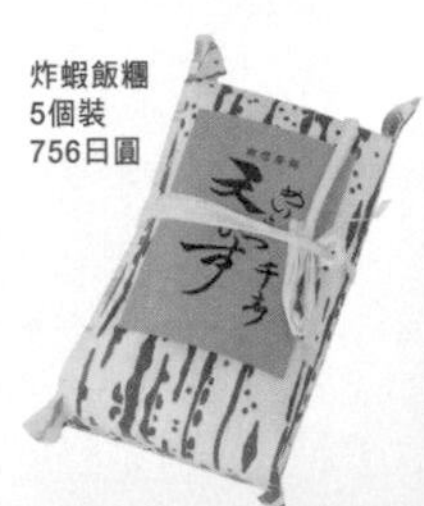

炸蝦飯糰
5個裝
756日圓

12～14時之間可在店內用餐

將棉籽油油炸的小蝦包裹在飽滿的白飯內

雞蛋上鋪著番茄醬口味的義大利麵

鐵板義大利麵

喫茶ユキ

‖車道‖きっさユキ

這間裝潢像是古早咖啡廳般的店家，是名古屋鐵板義大利麵的始祖。最初的構想是來自店長，在鐵板上鋪上雞蛋，再放入紅色小香腸等配料拌炒的番茄醬義大利麵，到最後一口都還能品嘗到熱呼呼的美味。

除了有和風義大利麵650日圓之外，其他定食餐點也很豐富

☎052-935-1653
東区葵3-17-42 10:00～15:00
休 週五、六 P 無 地下鐵櫻通線車道站步行3分 MAP 別冊5C-2

店內的復古氛圍十分吸引人

品嘗新鮮食材與濃厚的交趾雞風味

名古屋交趾雞

鶏三和 はなれ

‖今池‖とりさんわ はなれ

名古屋交趾雞魚丸相撲火鍋一人份2800日圓

這裡的雞肉鍋是使用從直營農場進貨的名古屋交趾雞，是一道能充分品嘗出雞肉甘甜的絕品美味。並且還有不少種類豐富的當地酒，可以與香味口感出眾的交趾雞一同享用。

☎052-733-3254 千種区今池1-9-16 仲屋ビルB1F 17:00～24:00（週日、假日～23:00） 休 週一 P 有特約P 地下鐵東山線、櫻通線今池站即到 MAP 別冊4D-2

備有桌椅座席、和式座席和包廂

便利商店也有名古屋小吃

在名古屋的便利商店，可以發現加入味噌料理的便當，或是以當地口味加工製作的點心糖果及泡麵。

勾芡義大利麵

スパゲティハウス ヨコイ 住吉店

‖榮‖スパゲティハウスヨコイすみよしてん

元祖勾芡義大利麵的店家。濃縮了多種蔬菜和肉類美味的醬汁，特色是帶有些微的辣味。粗麵拌上了濃稠的醬汁令人食指大動，可以由小香腸蔬菜麵（ミラカン，950日圓）等多種菜色中選擇。

☎052-241-5571 ⌂中区栄3-10-11サントウビル2F ⏰11:00～15:20、17:00～20:40（週日11:30～14:20、假日11:00～14:50）休無休 P無 🚉地下鐵東山線、名城線榮站步行5分 MAP別冊11C-2

家庭用醬汁四人份700日圓（店內販售價格）

深受各年齡層顧客愛戴的店家

人氣屹立不搖的勾芡義大利麵先驅

有小香腸蔬菜、火腿蛋等20種以上的菜色

和風高湯的咖哩和Q彈的麵超合口

咖哩烏龍麵

若鯱家 名古屋站ESCA店

‖名駅‖わかしゃちやなごやえきまえてん

多種辛香料與和風高湯製成的芳醇咖哩包覆著麵條，呈現出獨特的口感。同時備有各種豐富的配料，不妨挑戰一下嘗試新口味。

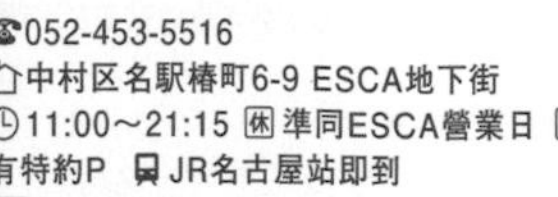

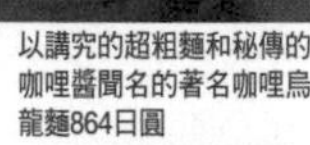

以講究的超粗麵和秘傳的咖哩醬聞名的著名咖哩烏龍麵864日圓

也進駐關東的咖哩烏龍麵專賣店

☎052-453-5516
⌂中村区名駅椿町6-9 ESCA地下街
⏰11:00～21:15 休準同ESCA營業日 P有特約P 🚉JR名古屋站即到
MAP別冊7B-3

從路邊攤開始的串物老鋪

味噌料理

當り屋本店

‖池下‖あたりやほんてん

豆腐、蒟蒻和雞蛋的味噌關東煮一串120日圓

創業67年，戰後不久隨即以路邊攤起家的串物專門店。店裡的著名美食是味噌關東煮、味噌炸豬排串和土堤燒。創業以來持續使用至今的赤味噌醬汁，比外表看來的更為清爽，甜度也較低。是相當下酒的好滋味。

☎052-761-7033
⌂千種区向陽1-12-29 ⏰17:00～22:20
休週日、連休的假日 P無 🚉從地下鐵東山線池下站步行5分 MAP別冊4D-2

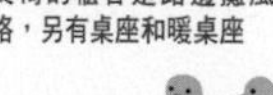

長椅的櫃台是路邊攤風格，另有桌座和暖桌座

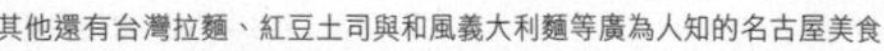

其他還有台灣拉麵、紅豆土司與和風義大利麵等廣為人知的名古屋美食。

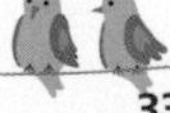

歷史和風味同樣具有深度
名古屋的老鋪和菓子店

麻糬、饅頭和煎餅與外郎糕等各種…。作為城下町的名古屋同時也是和菓子的據點。
從備受當地人愛戴的傳統口味，到全國知名的銘菓，
為大家介紹也非常適合作為伴手禮的老鋪和菓子。

擁有350年歷史
Q彈鬆軟的生外郎（ういろ）糕

視喜好加入「京碾黃豆粉」和黑糖漿享用。
648日圓（5個裝）

餅文総本店

‖道德‖もちぶんそうほんてん

1659（萬治2）年創業。堅持「製作食品時，嚴禁將室外溫度以人工方式改變」的信念，在製作的廠房內並無任何的冷暖氣設備，因此整個過程都需要靠職人的技術和經驗來判斷。

在地人熟悉的老鋪

☎052-691-5271
⌂南区豐2-36-24 ⓛ9:00～19:00
休無休 P有 🚉名鐵常滑線道德站步行5分
MAP別冊3B-3

這裡也買得到

東海Kiosk、中部國際機場等

散發豐富的麴香
老鋪的酒饅頭

包入北海道十勝產的紅豆餡
納屋橋饅頭120日圓

納屋橋饅頭本店

‖名駅‖なやばしまんじゅうほんてん

1886（明治19）年以「伊勢屋」之名創業。在納屋橋完成後改名為「納屋橋饅頭」。將花費兩日熟成滋味豐富的酒種外皮內裹豆沙餡，是一份嚴守古法製作的傳統點心。

店內擺放許多深受當地人喜愛的首選伴手禮

☎052-541-7884
⌂中村区名駅5-38-9 ⓛ9:00～18:00
休週日 P無 🚉JR名古屋站步行7分
MAP別冊6C-4

這裡也買得到

名鐵百貨店本店（只售6、10個裝，週日除外）

到熱田神宮參拜
必買的伴手禮

外層以求肥麻糬包裹的
め餅1200日圓（10個裝

きよめ餅総本家

‖熱田‖きよめもちそうほんけ

起源於江戶中期在「きよめ茶屋」販賣時，熱田神宮的參拜信眾爭相購買作為伴手禮。以求肥麻糬包裹北海道產的紅豆餡，糖分低甜而不膩。

歷史悠久的店鋪因熱田神宮的參拜信眾而熱鬧非凡

☎052-681-6161
⌂熱田区神宮3-7-21 ⓛ8:30～18:30 休無休
P有 🚉名鐵名古屋本線神宮前站即到 MAP
別冊3B-3

這裡也買得到

東海Kiosk、中部國際機場、名鐵百貨店本店等

品茶處，暗藏在名古屋的和菓子文化

名古屋作為尾張德川家的城下町，茶道文化發達。當時研發的各種和菓子，美好的滋味至今仍不曾改變。

在這間甘味處
品嘗名古屋的人氣伴手禮

黑糖的甘甜在口中擴散，黑外郎（ういろ）糕7寸864日圓

雀おどり總本店

‖榮‖すずめおどりそうほんてん

創業以來15餘年。不只有販賣，同時也是一間能在店內享用外郎糕、蕨餅和紅豆餡蜜等甜食的甘味處。除了有知名甜點外郎糕之外，赤味噌ところてん（550日圓）等，也是帶有「名古屋特色風味」的隱藏版人氣甜品。

位在熱鬧的街道上。能在店內享用甜點真令人開心

☎052-241-1192
中区栄3-27-15 ⏰10:30～19:00(內用～18:30) 休無休 P無 🚉地下鐵名城線矢場町站步行5分 MAP別冊10D-3

這裡也買得到

東海Kiosk、中部國際機場、JR名古屋的高島屋等

名古屋第一的老鋪滋味
提供新舊甜點的好味道

大納言、白色紅豆、抹茶的餡村雨和黑糖、紅豆羊羹都吃得到的「ささらがた」2322日圓（10個裝）

両口屋是清 名駅地下街店

‖名駅‖りょうぐちやこれきよめいえきちかがいてん

有380年悠久歷史的名古屋老字號和菓子店。位於名駅地下街的老店裡，有販售「よも山、旅まくら、志なの路」的綜合銘菓。一口大小的「ささらがた」也美味。

位在便利的名駅地下街

☎052-551-4510
中村区名駅3-14-15 ⏰9:00～20:00 休無休 P無 🚉JR名古屋站即到
MAP別冊7B-3

這裡也買得到

東海Kiosk（名古屋站內）、名鐵百貨店本店、JR名古屋高島屋店等

表皮和內餡形成絕妙的平衡
最中的名店就屬這裡

使用北海道產的紅豆製成的菊最中。大1個137日圓、小1個84日圓

不朽園

‖尾頭橋‖ふきゅうえん

利用職人的精湛技術和真材實料的內餡所製成的最中，可說是這裡的招牌商品。由於是在店內現做，因此能享受到熱騰騰的最中。帶有漂亮色彩的季節和菓子也同樣受到好評。

木造瓦房的店鋪有著相當醒目的雅緻看板

☎052-321-4671
中川区尾頭橋3-4-8 ⏰7:00～19:00
休無休 P有 🚉JR金山站步行10分
MAP別冊5A-4

這裡也買得到

中部國際機場（ANA FESTA內）
名鐵百貨店（本店、一宮店）、名古屋三越 榮店等

除了標示的店鋪之外，名古屋站內、各百貨及伴手禮店等均有機會買到 。詳細內容請詢問各家店鋪。

散發名古屋風情 可愛的點心伴手禮

這裡眾多的點心無論是作為旅行的伴手禮，或是聊表心意的小禮物都相當合適。
除了好吃之外，若再挑選可愛的包裝及外觀，外加帶有名古屋風情的商品，
肯定會讓好感度大大提昇。

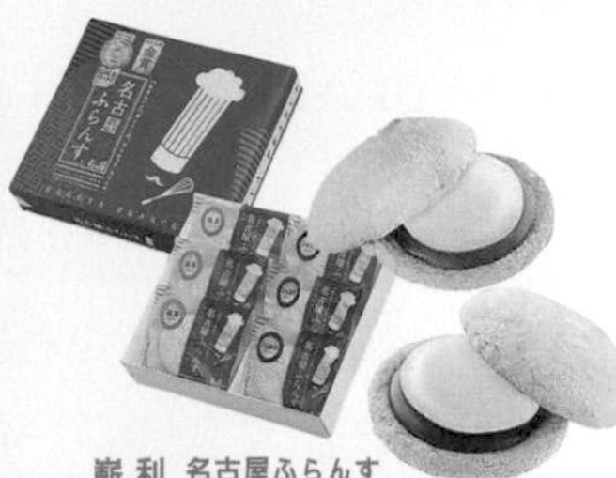

利用和風素材打造嶄新口感的洋菓子

名古屋ふらんす
6個裝648日圓
將源自法國的杏仁蛋白餅改以麻糬包餡，呈現出名古屋特有的綜合銘菓。一盒內裝有巧克力和抹茶兩種口味。

名古屋フランスcorp
☎0120-758-542

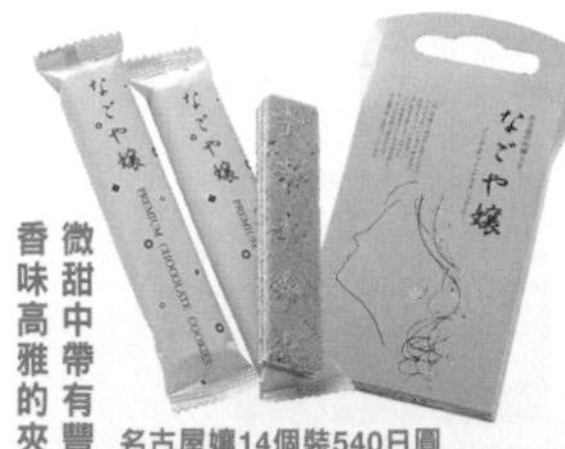

微甜中帶有豐富香味高雅的夾心酥

名古屋孃14個裝540日圓
這是一款在香氣四溢的杏仁酥當中，夾入調溫白巧克力的點心。印有名古屋孃的包裝相當典雅大氣。

桃の館 ☎0568-22-3232

人氣甜點師製作的三款脆餅

名古屋キャラメルさんど
6個裝802日圓
鹹牛奶糖風味的沙布列夾著葡萄乾奶油夾心的濃郁葡萄乾三明治。

シェ・シバタ多治見
☎0572-24-3030

武將版本的老鋪銅鑼燒！

武將物語 千なり
6個裝982日圓
鬆軟的外皮包入滿滿紅豆餡的老鋪銅鑼燒。武將版本的銅鑼燒，在外皮及包裝上皆有三英傑的插畫肖像。

両口屋是清
☎0120-052062

洋溢笑臉的豆沙餡饅頭

青蛙饅頭
3個裝270日圓
饅頭上惹人憐愛的青蛙笑臉，讓心情都溫暖起來。薄薄的外皮內包入滿滿的豆沙餡，就和伴手禮一同平安返家吧♪

青柳総本家
☎0120-016-758

入口即化的濃醇質地蘊藏著至高無上的口感

名古屋布丁
3個裝648日圓
使用新鮮的名古屋交趾雞蛋，帶有奢華感的布丁濃醇甘甜，入口即化的口感深具魅力。另外高質感的包裝也同樣吸引人。

ジャンノエル☎052-531-8571

使用名古屋交趾雞蛋的手工沙布列

ぴよりんサブレ沙布列
10片裝822日圓
名古屋車站限定販售的人氣甜點「名古屋コーチンのひよこプリンぴよりん」布丁，現在成為沙布列了。

カフェジャンシアーヌ
☎052-533-6001

新幹線的包裝內裝著各種口味的外郎（ういろ）糕

新幹線外郎（ういろ）糕、Dr. Yellow外郎糕
各4個裝562日圓
新幹線內有白、抹茶、櫻、ないろ（豆沙餡）4種口味。Dr. Yellow內則是牛奶巧克力和焦糖這類獨特口味的外郎糕。

大須ういろ☎052-201-2000
※有可能會更換包裝

※多數商品皆能在名古屋站內、主要百貨公司、新特麗亞名古屋中部國際機場，以及伴手禮專賣店購入。合作商店和販售地點請向各客服部門洽詢。

「新必點」的名古屋美食

名古屋人擁有旺盛的好奇心，
對於珍饈美饌極為喜愛。
不如去探訪這些
虜獲人心、
相繼誕生的名店。
相信能在這些美食新地標當中，
發現名古屋的嶄新魅力。

讓身體的美麗由內而外…自然派的午餐時光

今天就來品嘗對身體有益，以有機食材等烹煮的大量蔬菜料理，享受一段悠閒的午餐時光。
除了營養滿點之外，更讓心靈獲得療癒。

1有益身體的藥膳湯和餛飩雜糧套餐1100日圓（平日限定）
2附設在有藥師開漢方處方的藥局裡
3小而美的店內感到很舒適

由體內療養身體 品嘗漢方美食

漢方薬局 綾心&カフェファルマシー

‖榮‖かんぽうやっきょくあやごころアンドカフェファルマシー

在漢方專業的藥師駐點開立的藥局裡，附設了可以享用到使用漢方滋味豐富菜色的咖啡廳。由國際中醫專門員證照的藥師倉田先生，尊重病患的細心問診方式也備受好評。在咖啡廳則可以享用有益腸胃的藥膳湯品，由體內來療養身體。

☎052-242-1558
中区栄4-15-23 ライオンズマンション久屋公園1F 10:00～18:30、午餐為11:30～14:00 休 週日、一、假日 P 無
地下鐵東山線、名城線榮站步行3分
MAP 別冊10E-2

珍用標示生產者食材的健康午餐

空色曲玉

‖千種‖そらいろまがたま

使用從近郊農家訂購的當季無農藥有機蔬菜，打造能享用食材原本風味的長壽飲食。以倉庫改裝的店內充滿原木的溫暖手感，安靜到讓人忘卻身在鬧街之中。同時夜晚也能在此品酒用餐。

☎052-251-6949
中区新栄3-16-21 11:00～19:00（19:00之後需預約） 休 週日、一、二、有不定休 P 無
地下鐵東山線千種站步行7分
MAP 別冊5C-2

1從燉白蘿蔔到義式燉菜，素食午餐當中包含多種的蔬菜料理可供選擇1200日圓
2店內是由米倉改裝，擁有高天花板的開放空間。倉庫般的外觀相當醒目

帶出蔬菜風味 呈現季節感的義大利料理

tori cafe

‖中村日赤‖トリカフェ

這間咖啡廳連食材的栽培方法和產地都要指定，只向契約農場進貨，再將這些安全又安心的蔬菜，毫不吝嗇地運用在店內的義大利料理上。店家著重在呈現蔬菜原本新鮮濃醇的風味，僅以簡單方式調理的義大利麵深受顧客歡迎。

☎052-602-7555
中村区鳥居通4-5
11:30～14:00、18:00～21:00
休 第1、3週二、三 P 有
地下鐵東山線中村日赤站即到
MAP 別冊3A-2

1義大利麵套餐1680日圓～。使用當天進貨的蔬菜調理義大利麵
2時尚裝潢的店內，還可以購買無添加的食品等

長壽飲食（Macrobiotic）是？

將穀物、蔬菜和海藻為中心的日本傳統飲食作為基礎的用餐型態，是一種利用自然調和來實現健康生活的概念。用當地的季節食材，並盡可能不切片整塊食用，可以說是對環境相當有益的生活方式。

1 當日午餐1000日圓，菜色每天不同 2天然木的家具與白牆，舒適而明亮的店內

以素菜的方式調理咖啡廳菜色
SAISHOKUKENBI

‖八事‖サイショクケンビ

使用蒟蒻素肉和黃豆素肉等口感和風味都很像肉品的食材，調理成多種日式西式菜色。可以享用到使用來自北海道契約農場有機蔬菜的午餐，以及晚餐的素食全餐（1日限1組，需預約）。

☎052-848-7361
⌂昭和区広路町石坂37-6 ⏲11:00～17:30(午餐～14:00)、18:00～20:00
※晚餐最晚3天前需預約 休週二 P有 地下鐵鶴舞線、名城線八事站步行6分 MAP別冊4E-4

1使用大量當地的季節食材，當日午間套餐1050日圓（週六、日、假日1260日圓）
2咖啡廳是走白色基調的簡約風格

提供舒適美味的樂活生活
kogomi

‖原‖コゴミ

午餐是使用無農藥蔬菜和三河土雞等當地食材，並且不添加任何化學成分的調味料。再點上一杯這裡的有機咖啡，就可以好好享受一段養生的咖啡時光。店內還同時販售天然食品及化妝品等，不妨嘗試一下自然有機的健康生活。

☎052-808-9810
⌂天白区原2-3501 おがわビル1F
⏲11:45～19:00（商店11:00～20:00） 休週三 P有
地下鐵鶴舞線原站即到
MAP別冊3C-3

品嘗手工製作的餐點 度過一段隨心所欲的時光
re:Li

‖伏見‖リリ

無論是從契約農場進貨的蔬菜料理，還是到沾醬都堅持手工製作。能隨自己的喜好，選擇店內擺放的新舊沙發入坐。店家同時還會不定期的舉辦各種藝文活動、演講會或是服裝的展示會。

☎052-265-6139
⌂中区栄1-25-5 仲ノ町公園ビル1F
⏲11:30～24:00
休週四 P無
地下鐵東山線、鶴舞線伏見站步行8分
MAP別冊11A-3

1re:Li雞肉咖哩（附沙拉）950日圓、自家製薑汁汽水480日圓
2高質感的家具打造出品味出眾的風格
3由造型師經營的咖啡廳，充滿引以為傲的舒適氛圍

pinch of salt的麵包是來自小牧市的一間自家製酵母烘焙坊「ソラミミぱん」。豐富的滋味隨著咀嚼的過程更顯層次分明。

忘記時間輕鬆一下 療癒身心的宅邸餐廳

和珍愛的人拋開日常煩惱、悠閒度過。
名古屋當中就有能享受這種奢侈時光的餐廳。
不如到城市裡的宅邸餐廳度過一段心滿意足的時光。

品嘗頂級廚藝的名廚料理

La Grande Table de KITAMURA

‖白壁‖ラグランターブルドゥキタムラ

在世界三星級餐廳磨練廚藝的北村主廚所開設的店。改裝自昭和初期的宅邸有如劇場般的店內，可以享受到不同於日常生活的氛圍，而每天替換的菜色，都是使用來自當地和全世界精選的食材。

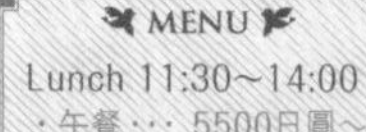

MENU

Lunch 11:30～14:00
・午餐‥‥5500日圓～
・推薦全餐‥8000日圓

Dinner 17:30～22:00
・晚餐‥10000日圓～
・推薦全餐 21000日圓

☎052-933-3900
⌂東區主税町4-84
🕒11:30～14:00、17:30～22:00（打烊）休不定休 Ⓟ有
🚇地下鐵櫻通線高岳站步行15分 MAP 別冊5C-1

寬廣豪華的一樓

1 其中一道色彩迷人的甜點
2 使用當天購入的季節食材，5500日圓的午餐的一例
3 使用每日替換的新鮮魚類，本日魚料理的一例

1 在樹林圍繞的和室內享用正統的義大利菜
2 10800日圓全餐的一例
3 3240日圓午餐全餐的一例

佇立在一片綠意當中，散發和式氛圍的空間

よし川 ENOTECA

‖池下‖よしかわエノテカ

座落在石階上頭、以昭和初期的宅邸改建而成的餐廳，在這綠意包圍的幽靜空間裡，讓人彷彿忘卻身在鬧街之中。客人能在四季更迭的風情裡，享受使用當季食材的自然風味義大利料理。

MENU

Lunch 11:00～14:00
・Piccolo‥‥1900日圓
・Stagione‥‥3240日圓
・Proposta‥‥5400日圓

Dinner 17:00～22:00
・Mercato‥‥4800日圓
・Proposta‥‥7560日圓
・Ricerca‥ 10800日圓

※服務費另計

☎052-762-5188 ⌂千種區堀割町1-17 🕒11:00～14:00、17:00～22:00（週六、日、假日11:00～22:00）休無休 Ⓟ有 🚇地下鐵東山線池下站步行4分
MAP 別冊4D-2

小窗外的綠意讓身心都獲得平靜

街道的風情也是表演的一種

「La Grande Table de KITAMURA」和「Dubonnet」所在的白壁地區，是被指定為名古屋市的街道保存區。包括周邊的建築都帶有懷舊的氛圍，不妨到這感受一下截然不同的氣息如何？白壁地區P.102～103

1 邊眺望庭園的四季景致邊悠閒用餐
2 能依自己的喜好選擇的全餐料理的一例
3 無論哪一套全餐甜點都相同

充滿和式氛圍的法國料理

セレスティ

‖櫻山‖

修習和食與法國料理的主廚，將正統法式料理帶進這間時髦的日式古民宅，融合成風格獨特的餐廳。由於主廚擅長野味料理，因此根據季節，也可以享用到野兔或是山鷸烹煮而成的佳餚。

MENU

Lunch 11:30～13:00
・午餐‥‥3500日圓～
(週六、日、假日4300日圓～)
・饗客全餐‥‥6300日圓
Dinner 18:00～21:00
・晚餐‥‥6500日圓～
・季節的推薦全餐
‥‥‥‥‥‥15000日圓

☎052-852-6660
瑞穂区松月町1-3
11:30～13:00、18:00～21:00
休 週三、第4週四 P有 地下鐵櫻通線櫻山站步行8分
MAP 別冊4D-4

如料亭般的和式建築

在散發大正浪漫的宅邸享受法式創作料理

Dubonnet

‖白壁‖デュボネ

將大正時期財主春田氏的宅邸部分改裝而成的法式創作料理餐廳。建築物是名古屋近代文化風貌的歷史性遺產，有著厚實的日式與西式融合的特色。菜色只提供全餐。

MENU

Lunch 11:30～14:00
・A全餐‥‥‥3150日圓
・B全餐‥‥‥5300日圓
Dinner 18:00～20:30
・全餐‥‥‥5500日圓～
・主廚推薦全餐
‥‥‥‥‥‥9000日圓
※稅金、服務費另計

☎052-936-1477
東区主税町3-6-2 春田邸
11:30～14:00、18:00～20:30
休 週三（週三、四午餐休）
P有 地下鐵櫻通線高岳站步行15分 MAP 別冊8F-1

散發著高級感的大門別有一番風情

1 居家般的宅邸還可以舉辦婚禮
2 在日本庭園綠意裡的宅邸裡享用色彩豐富的法國菜
3 全餐料理的一例

在「La Grande Table de KITAMURA」裡，有販售各式伴手禮用的磅蛋糕。

沉醉在時髦空間裡的豪華餐廳

將嚴選食材、精心製作的料理變得更加出色的，
正是這份溫暖人心的服務和散發高級感的特別空間。
好想體驗一次，專為成熟大人打造的豪華餐廳。

1午餐除了自選魚或肉的主菜，還附湯、甜點、飲料
2洋溢著高級感的空間裡悠閒用餐
3專屬侍酒師精選的葡萄酒也值得品嘗

高雅的空間裡享用獨創性的法國菜

イグレックアサイ

‖榮‖

淺井主廚掌廚，是名古屋無人不知的法國菜餐廳。使用當令食材細心調理，一盤菜裡連同繽紛色彩在內的獨創性菜色，有著至高的美味。午餐的價位平實也令人欣喜。

☎052-955-1909
⌂東区東桜1-9-19 成田ビル2F
🕒11:30～14:00、18:00～21:30 休週一 P無 🚇地下鐵東山線、名城線榮站步行5分 MAP別冊8E-4

第一次造訪都有輕鬆感覺的建築

MENU

Lunch 11:30 ～ 14:00
- menu A(平日)‥‥ 2800日圓
- menu A Plus ‥ 3400日圓
- menu B‥‥‥‥ 3800日圓
- menu B Plus ‥ 4400日圓
- menu C‥‥‥‥ 6500日圓

1店內品味出眾的裝潢擺飾讓人印象深刻 2入口處的鮮花擺飾，呈現出高雅的氛圍 3夜晚全餐的一例

色彩花卉圍繞下的時髦私房餐廳

Chez KOBE

‖八事‖シェコーベ

店內到處都裝飾著美麗的花卉，是一間氣氛優雅的法式料理餐廳。可以在這裡品嘗活用有機蔬菜等食材，打造出堅守傳統又不失創新的美味，度過一段至高無上的美好時光。

☎052-832-7584
⌂昭和区広路町梅園24
🕒11:00～14:30、18:00～21:30
休週三 P有 🚇地下鐵名城線、鶴舞線八事站步行7分
MAP別冊4E-4

面向小路的一棟洋風建築

MENU

Lunch 11:00～14:30
- MenuA ‥‥‥‥ 2625日圓
- MenuB ‥‥‥‥ 3675日圓

Dinner 18:00～21:30
- MenuDinner‥‥ 6300日圓
- MenuPlaisir ‥‥ 8800日圓
- MenuDegustation ‥‥‥‥‥‥‥ 12600日圓

預約時請先確認服裝規定

餐廳通常都需事前預約，這是一種禮儀。預約時不僅要確認人數座位，同時也要先問清楚是否有服裝規定、禁煙席或吸菸席等比較安心唷。

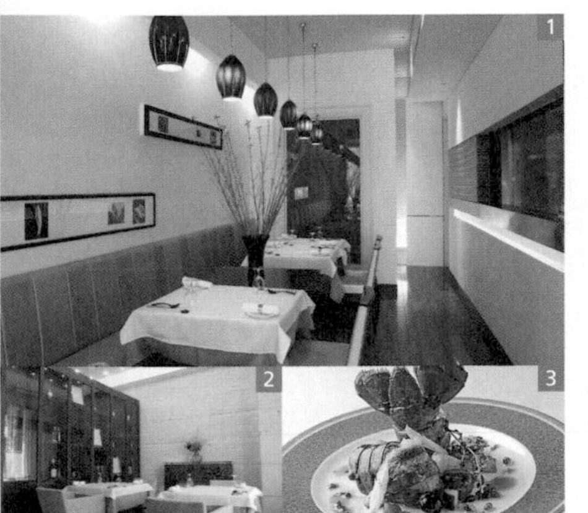

1藍色燈罩呈現出的沉靜氣氛，為店內增添視覺效果
2舒適的兩人座位　3全餐主菜的一例

在時髦的空間裡 品嘗用心製作的料理

RESTAURANT DANTE

‖藤が丘‖レストランダンテ

就如同店名「溫暖的手」一般，一踏入店內便被一股溫柔的氣息包圍。在地板和牆壁用大理石打造、兼具時尚感的店內，品嘗擁有40年經驗和技術的大廚手藝。

☎052-760-5015
名東区宝が丘285 藤が丘スカイマンション1F 🕒11:30～14:00、18:00～21:30 休週一、二 P有 地下鐵東山線藤之丘站步行8分
MAP 別冊3C-2

外觀散發出溫暖的氛圍

MENU

Lunch 11:30～14:00
Dinner 18:00～21:30
・午餐、晚餐A……2700日圓
・午餐、晚餐A ……3300日圓
・午餐、晚餐A……4300日圓
・午餐、晚餐A……5400日圓
・期間限定特別menu
九周年紀念menu
……………………6800日圓
※上述金額包含消費稅和服務費

1簡約的空間映出燈光的溫暖色調
2藏酒3000支以上的葡萄酒窖相當驚人
3夏隆鴨佐季節時蔬4800日圓

在美酒襯托下 享受法式料理

LE MARTIN PECHEUR

‖吹上‖ルマルタンペシュール

餐廳走高雅不做作的裝潢設計。料理也帶同樣的風格。不少老客人相當喜愛老闆這種坦率自然的作風。能在此品嘗法國或當地的食材料理，與侍酒師推薦的紅酒一同沉醉。

☎052-733-3373
千種区小松町6-15 🕒11:30～14:00(需預約)、18:00～21:30(酒吧20:30～23:00) 休週日、第3週一 P有 地下鐵櫻通線吹上站即到
MAP 別冊4D-3

只有隱約露著「LMP」燈光的記號

MENU

Lunch 11:30～14:00
・Menu Paris …… 3500日圓
・Menu Nice …… 5000日圓
Dinner 18:00～21:30
・Menu Paris …… 8000日圓
・Menu Nice …… 10000日圓
・Menu Martin …… 12000日圓
・Menu Homard Bleu
(週五、六) …… 16000日圓

由於「Chez KOBE」位在閑靜的住宅區內，因此能遠離都市喧擾，享受片刻的寧靜。

慵懶、舒適
就用咖啡廳餐點稍作休息

放鬆平靜的咖啡時間。
除了甜點飲料之外，在餐點也相當豐富的
咖啡廳裡，悠閒的填飽肚子吧。

當日濃湯午餐搭配兩個貝果1040日圓

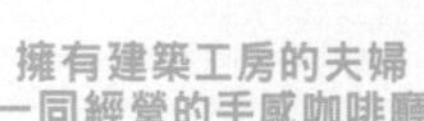

當月蛋糕有2～3種可選擇。洋梨塔450日圓

擁有建築工房的夫婦
一同經營的手感咖啡廳

遊眠堂

‖相生山‖ゆうみんどう

除了使用國產小麥的自製貝果和甜點之外，就連餐桌和椅子也堅持親手打造，是一間洋溢著溫暖氛圍的店家。陽光透射在充滿綠意的店內，讓人能忘記時間徹底放鬆而深獲好評。

身兼建築工房，散發著木頭的香氣的咖啡廳

☎052-800-9025
⌂緑区久方3-14 はなぶさビル1F-B
🕒11:30～18:00 休週一、二、第2週六、第4週日 P有 🚉地下鐵櫻通線相生山站步行7分
MAP別冊3C-3

使用大量蔬菜的當日午餐1620日圓

午間套餐搭配的季節冰淇淋

美味的當季食材
費工料理的食堂咖啡廳

食堂Pecori

‖本郷‖しょくどうペコリ

能在這間咖啡廳品嘗到利用食材天然美味打造的養生料理。除了有每月更換菜單的午餐之外，還有許多健康的餐點。在店內樸實的氛圍下，所使用的STUDIO M'餐具也同樣出色。

另有透過玻璃可與廚房面對面的桌席。可愛的裝潢擺飾讓身心都獲得療癒

☎052-777-0678
⌂名東区藤森2-285-1
🕒11:00～18:00 休週三 P有
🚉地下鐵東山線本鄉站步行10分
MAP別冊3C-2

裝滿大塊滷豬肉的とんとん蒸籠定食1058日圓

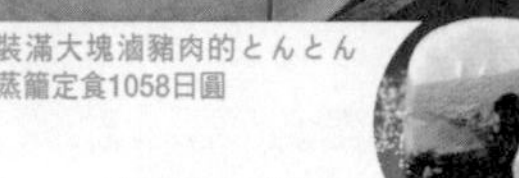

從中間流出黑糖醬的黑糖生乳酪蛋糕561日圓

散發懷舊氛圍
能眺望商店街的咖啡廳

珈琲ぶりこ

‖大須‖こーひーぶりこ

由商店街中的木造町屋改裝而成的咖啡廳。可以在別具風情的家具和舒適的沙發等，呈現輕鬆氛圍的店內品嘗喝茶的樂趣。有蒸煮午餐料理、漢堡排午餐料理和碗裝午餐料理等，提供多樣化的午餐選擇。

人氣的2樓沙發席。能在這裡眺望商店街放鬆心情

☎052-238-2789
⌂中区大須3-35-22 🕒11:00～19:30（週六、日、假日為10:00～19:30）
休無休 P無 🚉地下鐵名城線、鶴舞線上前津站步行3分 MAP別冊5B-3

時髦的女性是咖啡廳達人 !?

被公認咖啡廳文化根深蒂固的名古屋，時髦的咖啡廳也持續增加中。不只在下午茶時段，成熟的女性據說也相當熱愛在中午或深夜，將咖啡廳作為一個休閒去處。

烤鹿肉三明治（附沙拉）1121日圓

葡萄土司 1條1240日圓

話題的「胚芽麵包」吃的既美味又健康

FOOD CONTROL SHOP ZERO

‖久屋大通‖フードコントロールショップゼロ

人氣麵包店開設的咖啡廳，販售麵包和點心，以及調味料等。店內擺放的都是有益健康的麵包；招牌商品「胚芽麵包」，以礦物質、食用纖維豐富而且少糖的健康度為賣點。

人氣麵包店開設的咖啡廳

☎052-973-1082
東区泉1-17-10 第一オレンジ久屋1F
10:00～19:30
休 每月1、15日 P 無 地下鐵名城線、櫻通線久屋大通站步行5分
MAP 別冊8E-2

加入洋蔥、鯷魚、番茄、火腿和起司的普羅旺斯可麗餅1680日圓

下午茶套餐是可麗餅搭配飲料的組合。800日圓～

輕鬆品嘗在巴黎首屈一指的法式烘餅

BREIZH Cafe CREPERIE セントラルタワーズ店

‖名駅‖ブレッツ カフェクレープリー セントラルタワーズてん

本店的BREIZH Cafe CREPERIE曾7度榮獲Figaroscope雜誌評鑑為「巴黎第一的可麗餅」。堅持只使用農場直送的新鮮蔬菜等食材，可以享用到道地美味。天氣晴朗時，有開放感的露台座也很不錯。

以木頭為基調的店內充滿沉靜的氣息，彷彿置身在法國本店一般

☎052-569-1185
中村区名駅1-1-4 JR中央雙塔13F
11:00～22:00 休 無休
P 有 JR名古屋站即到
MAP 別冊7A-3

盤裝午餐1100日圓。沙拉醬也是自行手工製作

不甜不膩可說是KAKO名物的手工紅豆土司 350日圓

品嘗口感細緻的午餐和自家烘焙的咖啡

KAKO BUCYOcoffee

‖三藏‖カコブチョコーヒー

在生豆時和烘焙後都不惜工本以手工選豆，使用這特選豆子沖出的咖啡備受好評的店家。義大利麵午餐和每天現烤的自製麵包也備受好評。

美式綜合咖啡可免費續杯一次

☎052-582-3780
中村区名駅南1-10-9 山善ビル1F
7:30～18:45
休 無休 P 無 JR名古屋站步行15分
MAP 別冊6C-5

食堂Pecori是喜愛雜貨的人大多都知道的STUDIO M'的直營店。店內所使用的瓷器餐具可在隔壁的couvert a la maison購買。

對咖啡愛好者來說已經是一種常識！？咖啡美味的名古屋咖啡廳

想要品嘗美味的咖啡，就到注重咖啡品質的店。
從當地備受愛戴的人氣店家，到全國知名的名店
這裡將介紹名古屋引以為傲的5間咖啡廳。

到最後的餘韻
都充滿豐富的香氣

coffee Kajita

‖一社‖コーヒーカジタ

只有10席吧台座位的小空間裡，有許多從各地前來的客人，特地來品嘗熱心研究的店主所沖泡的咖啡。這裡的蛋糕是由從事糕點師的太太負責。外觀簡單卻能充分感受到層次豐富的美好滋味。

☎052-775-5554
名東区高社1-229 11:00～19:00(咖啡～18:30) 休 不定休(週六、日、假日營業，詳情在HP確認) P 有 地下鐵東山線一社站步行3分
MAP 別冊3C-2

1全使用精緻咖啡豆 2週末甚至要等上一段時間 3瓜地馬拉460日圓、布列斯特泡芙450日圓 4搭配Kajita必點咖啡的胡桃點心500日圓

深度烘焙的濃醇
口感和甘甜

ペギー珈琲店

‖池下‖ペギーこーひーてん

強勁濃醇的口感是ペギー綜合咖啡的代名詞。除此之外，還有品評會獲獎咖啡，或是有機咖啡等，約有15種品質保證的品牌咖啡豆可供選擇。

1店內備有約15種的精緻咖啡
2ペギー綜合咖啡500日圓，9～11時之間附早餐
3 1983年創業。單獨購買咖啡豆也OK
4從瑞穗區的烘焙工房購入的新鮮咖啡豆

☎052-722-9726
千種区若水3-30-2
9:00～18:45(咖啡豆販售～19:45)
休 無休 P 有 地下鐵東山線池下站步行8分 MAP 別冊4D-2

萃取方式依各店而有所不同

濾紙沖泡、濾布沖泡、法式壓濾壺或是虹吸壺等，有著林林總總的咖啡萃取方式。而根據不同方式所產生的口味差異，正可說是咖啡的樂趣所在。不妨試著找出各店的特色之處。

在寧靜的空間品味
甘甜香醇的咖啡

隠れ家ギャラリーえん

‖呼續‖かくれがギャラリーえん

這裡微苦回甘的咖啡，是由擁有自己的烘焙工房、非常熱愛咖啡的店主親自沖泡。店內設有擺放可愛雜貨的區塊，是一處能放鬆心情、悠閒度過的好地方。

☎052-822-7088
⌂南区呼続1-10-23
🕒10:00～18:00 休週一
P有 🚉名鐵名古屋本線呼續站步行6分 MAP別冊3B-3

1陳列許多讓人不禁想多看幾眼的可愛雜貨 2卡布奇諾400日圓、當日戚風蛋糕350日圓 3定期舉辦瑜伽和插花等課程

1推開厚實的門，就能發現這間隱身在都市中的私房咖啡廳 2精緻咖啡600日圓、經典生乳酪蛋糕450日圓 3除了吧台座位之外，另有餐桌座位可選擇。店內也有販賣咖啡豆（需預約）

☎052-951-3485
⌂中区錦3-15-23
🕒10:00～21:45 休無休
P無
🚉地下鐵榮站步行1分
MAP別冊10D-1

精選的咖啡豆和
老鋪的深厚功夫

西原珈琲店 栄店

‖榮‖にしはらこーひーてんさかえてん

這是一間能品嘗現沖咖啡和手工蛋糕，在市內擁有數間分店的咖啡廳。每週兩次，從神戶進貨剛烘焙的咖啡豆，沖泡出香氣濃厚的咖啡。充滿懷舊氛圍的空間也相當具有魅力。

能不做作輕鬆享受的
正統派咖啡廳

珈琲館 麗

‖浅間町‖こーひーかんうらら

自家烘焙的精緻咖啡備受好評，廣受各年齡層顧客喜愛的咖啡廳。中午過後開始上架，使用當季水果的自家製蛋糕堪稱絕品，才到傍晚就幾乎全數售完。

☎052-565-0581
⌂西区新道1-23-3
🕒8:00～19:00
休無休 P有
🚉地下鐵鶴舞線淺間町站步行5分
MAP別冊5A-1

1在地咖啡廳般的舒適氛圍相當具有魅力 2深度烘焙的綜合咖啡430日圓、蛋糕400日圓～ 3能從多種花色的杯子中選擇喜愛的款式使用

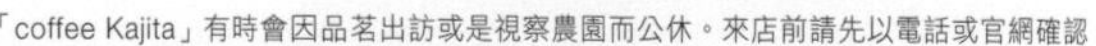
「coffee Kajita」有時會因品茗出訪或是視察農園而公休。來店前請先以電話或官網確認。

從新手到老饕都認同 在名古屋品嘗泰式料理

在名古屋，泰式料理作為必點料理的其中之一備受喜愛。
無論是辛辣口感或是滋味酸甜的料理，
不如在充滿元氣的名古屋，嘗試一下蘊藏泰式熱情的迷人口味。

承襲傳統的正宗口味

サイアムガーデン

‖伏見‖

這間正宗的泰式餐廳建築是在昭和初期建造，復古摩登的外觀相當醒目。長年在曼谷修業的泰籍廚師，以精湛的廚藝結合養生食材，打造出正宗的泰式美味。

登錄為有形文化財產的風雅建築物

稍微油炸過的蝦子搭配口感十足的腰果。
鮮蝦腰果盅1680日圓

湯裡有辣椒、檸檬草和泰國南薑等多種辛香料的鮮**蝦酸辣湯1680日圓**

☎052-222-8600
⌂中區錦1-15-17
🕒11:30～14:00、17:30～21:00
休 第1、3週日 P 無 🚉 地下鐵東山線、鶴舞線伏見站步行5分
MAP 別冊6D-4

在時髦的空間品味正統的泰式料理

スコンター 錦

‖榮‖スコンターにしき

以白色為基調的室內裝潢，顛覆了對泰式料理餐廳的印象，呈現出簡約時尚的氛圍。搭配正統泰式料理的飲品如泰國酒等，稀有的種類在這裡也看得到。

泰國的冬粉料理，
泰式涼拌粉絲993日圓

咖哩炒蟹1814日圓，鬆軟肥嫩的螃蟹堪稱絕品

寬廣的店內散發沉靜氛圍

☎052-957-7889
⌂中區錦3-18-13 アミューズ錦1F 🕒17:00～翌日2:30(週日、假日～23:30) 休 無休
P 無 🚉 地下鐵東山線、名城線榮站即到
MAP 別冊8D-4

在Thai Festival當中體驗泰國文化

從2005年開始舉辦的「Thai Festival in 名古屋」，從餐廳的擺攤，到泰拳和泰國舞的表演等活動，將會場氣氛炒得熱鬧非凡。預計每年舉辦一次。詳情請洽Thai Festival in 名古屋實行委員會☎0594-33-4072。

位居名古屋泰國料理界領導地位的老鋪

サワデー すみ芳

‖鶴舞‖サワデーすみよし

店家從泰國直接進口食材，再交由泰籍廚師重現當地美味。使用大量辛香料製成的每一道菜，風味獨特口感溫和。笑容親切的店員更讓心情倍感溫暖。

☎052-332-3639
⌂中区千代田3-11-12 麦島第2ビル2F ⌚11:30～22:30
休無休 P無 🚉地下鐵鶴舞線鶴舞站即到
MAP別冊5C-3

加入茄子、微辣的
綠咖哩900日圓

酸辣順口的
鮮蝦酸辣湯1980日圓
（2、3人份）

帶有東方風情的裝飾
點綴著店內

家庭式的亞洲食堂

アジアンダイニング ワルンプアン

‖千種‖

以泰式料理為中心，還能品嘗到亞洲的民族料理。香草的有無以及辣度的選擇，無論是挑食或是熱愛正宗料理的人，店家都能貼心的依各人喜好作調整。開朗的店主夫婦相當好客熱情。

☎052-733-2173
⌂千種区内山3-20-19 ⌚18:00～22:30（週六～22:00）
休週日、一 P無
🚉地下鐵東山線千種站步行3分
MAP別冊4D-2

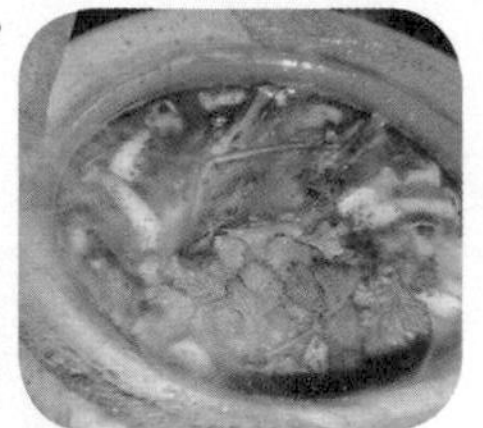

使用充滿泰式香氣辛香料烹煮的
鮮蝦酸辣湯2人份980日圓

大紅色的牆壁相當醒目

外表也很可愛的綠咖哩

Kafe Ayam

‖本山‖カフェアヤム

在這間小而美的店裡，能同時享受泰國、峇里島以及印尼的雜貨與料理。料理的口味正統，飲料的種類也很豐富。動物模型的米飯上鋪著滿滿醬汁，外表讓人會心一笑的綠咖哩在女性顧客當中相當有人氣。

☎052-763-5671
⌂千種区日和町3-32 コーポ大松1F ⌚11:00～21:00（週日、假日～19:00）休週三、第3週二 P無 🚉地下鐵東山線、名城線本山站步行5分 MAP別冊4E-2

散發泰國青檸的香氣和青辣椒辛辣的**綠咖哩780日圓**

陳列著密密麻麻的亞洲雜貨

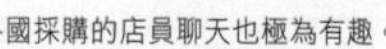

在「Kafe Ayam」，與常周遊各國採購的店員聊天也極為有趣。

讓氣氛高漲的世界美食之旅

在名古屋，聘用在當地修業或是來日廚師的餐館，
或是外國氣氛濃厚的店等，有許多傳達各國飲食文化的餐廳。
不如就來嘗遍各國美食，享受環遊世界的心情吧。

西班牙

佇立在榮的小巷弄裡充滿異國風情酒吧

西班牙海鮮飯1350日圓（前，圖片上是2人份）和Tapas拼盤1550日圓（後）是人氣料理

Bar Barraca

‖榮‖バルバラッカ

推開充滿懷舊氣息的木門，便可以見到吧台上擺滿的Tapas，店內洋溢著西班牙小酒館的氣氛。雪莉酒和西班牙的葡萄酒等酒藏豐富，更能對生火腿、蒜香菜色和海鮮燉飯有提味的效果。

就是這種氣氛♪

將舊建築重新整修，充滿懷舊氛圍的外觀

☎052-262-3443
中区栄3-8-123 ⓛ17:00～23:00（週五六、假日前日～24:00）休週日 P無
地下鐵東山線、名城線榮站步行5分
MAP 別冊11C-2

美國

大口豪邁地咬下正宗的美國漢堡

自10種裡自選的漢堡加上飲料和薯條的漢堡套餐1000日圓

LAYERS

‖久屋大通‖レイヤーズ

引領名古屋美味漢堡店的著名店家。拿起自製的香氣四溢漢堡，使用100%牛肉手工做出的漢堡滲出肉汁，是絕對不可錯過的美食。氛圍活潑的店內大口咬下漢堡，就可以享受到正統的美國感覺。

就是這種氣氛♪

明亮而簡單的店內印象極佳

☎052-961-0121
中区丸の内3-8-26 ⓛ11:00～21:30（週日、假日～16:30）休不定休 P無
地下鐵名城線、櫻通線久屋大通站步行6分 MAP 別冊9C-2

德國

沈醉在優雅的空間現代德國料理的老鋪

將帶骨豬肉以鹽和辛香料醃漬後再水煮的德國豬腳3800日圓、德國香腸650日圓～等

Zur Deele

‖瑞穂運動場西‖ツァディーレ

1985（昭和60）年創業的德國料理店。以使用當季食材的現代德國菜為主，能品嘗德國豬腳和德國香腸等傳統的家庭料理。據說這裡的酸菜是老闆在德國時，一位頗有交情的廚師親自傳授的正統口味。

就是這種氣氛♪

另備有充足的包廂座位，相當適合紀念日等節慶使用

☎052-842-2223
瑞穂区瑞穂通6-15 ⓛ11:30～14:00、17:30～21:00 休週二、第3週一（逢假日則翌日休）P有 地下鐵櫻通線瑞穂運動場西站即到
MAP 別冊3B-3

享受世界美食的方法

如果對香草或是辛香料有所抗拒的人，不妨向店員商量，請店家調整辣度或是另外放置醬料。同時，還能跟熟知各國風情的店員聊天，感受異國文化的刺激。若是店裡駐有當地人，更可以體驗出國旅行的滋味。

印度 一吃就會上癮的大蒜起司烤餅

咖哩、坦都里烤雞、烤餅、沙拉、印度奶茶外加冰淇淋的坦都里套餐2200日圓。圖片上的起司烤餅需+300日圓

Shathi

‖池下‖シャティ

可以品嘗到尼泊爾主廚料理的正統印度菜。菜色配合日本人喜好，減油並使用簡單的調味相當受到歡迎。特別推薦起司都快融出來、分量滿點的烤餅。店內很多老客人，豪爽的老闆娘也讓人印象深刻。

充滿異國風情的店內

☎052-763-2635
千種區池下町2-41
11:30～14:30、17:30～21:30
休 週三（逢假日則營業）P 有 地下鐵東山線池下站步行5分 MAP 別冊4D-2

新加坡 品嘗融合多元口味的新加坡料理

新加坡的國民美食海南雞飯920日圓。具口感的雞胸肉搭配三種醬汁

イーストダイニング ラオパサ

‖高岳‖

這是一間曾獲得新加坡政府官方認證的餐廳，能品嘗中國系、印度系和馬來系融合而成的新加坡料理。親自下廚的老闆夫妻每年會定期前往當地。不妨在此體驗招牌菜的海南雞飯和帶有季節感的獨創料理。

陳列方式極具品味的新加坡裝飾品

☎052-932-1710 東区泉2-13-4 カスティロ泉1B 11:45～14:00、18:00～22:00（2015年11月～只營業晚餐）休 週一（逢假日則翌日休）、每月1次不定休；週六、日、假日時不供應午餐 P 無 地下鐵櫻通線高岳站步行5分 MAP 別冊8F-2

俄國 樸實中帶有豐富營養價值的俄國家庭料理

招牌羅宋湯900日圓（前）、俄羅斯餡餅230日圓（左後）、酥皮蘑菇湯840日圓（右後）等

名古屋ロゴスキー

‖名駅‖なごやロゴスキー

特色是不將食材過分加工，品嘗樸實柔和的原味。除了燉煮料理之外，還能吃到農家主婦們為家人料理的鄉土菜色。營養價值高卻不經修飾的味道，深獲大人和小孩的喜愛。另備有多種定食餐點能輕鬆享用。

店內裝飾著俄國的工藝品

☎052-583-4088
中村区名駅4-5-19 第5堀内ビル4F
12:00～14:00、17:00～22:00（週六、日、假日12:00～22:00）休 週一（逢假日則翌日休）P 無 JR名古屋站步行5分
MAP 別冊7B-3

能在「イーストダイニング ラオパサ」享用以日本當季蔬菜製作的料理。漂亮的顏色也相當吸引人♪

對“食物”的堅持而衍生出種類豐富的名古屋拉麵

在名古屋當中，也有許多口味極具個性的拉麵。
從堅守傳統口味的店家 ，到大排長龍的台灣拉麵等，
在這裡為大家介紹種類豐富的名古屋拉麵店。

辛辣感久久不散 台灣拉麵的創始店

這間台灣拉麵的特色是用辛辣的辣椒和醬油為基底的雞高湯。據說一開始是作為員工餐點。伴隨後勁強烈的辛辣口感，還能同時品嘗出韭菜和絞肉的甘甜，是一碗滋味豐富的好味道。

味仙 今池本店

‖今池‖みせんいまいけほんてん

☎052-733-7670
千種区今池1-12-10
17:30～翌1:30 休 無休
P 有 地下鐵東山線、櫻通線今池站即到
MAP 別冊4D-2

寬廣的店內共280席

今池站9號出口出來即到

台灣拉麵
630日圓
鋪著滿滿的
絞肉和韭菜

感受峇里島風情的同時 優雅地品嘗拉麵

使用魚露、岩鹽等嚴選食材熬煮的湯頭香氣四溢，非常具有人氣，讓不少客人從遠方慕名而來。在仿照峇里島、如同咖啡廳般的空間當中，享用獨創的美好風味。

鹽味拉麵700日圓
內含蝦米和干貝

らぁめん翠蓮

‖いりなか‖らぁめんすいれん

☎052-833-0572
昭和区花見通3-11 ハートイン杁中1A 11:30～13:50、18:30～20:00 休 週二、三 P 有 地下鐵鶴舞線いりなか站步行4分 MAP 別冊4D-3

充滿峇里島風情的店內

台灣拉麵進化版 不斷的辣味令人上癮！

近年開始出現流行徵兆的台灣乾拌麵的發源店。辛辣度夠高的辣味醬，和全麥粉做的Q彈粗麵極為對味。招牌料理鹽味拉麵（780日圓）也值得一嘗。

元祖台灣乾拌麵780日圓
多點一碗飯吃的飽飽地

麵屋 はなび 高畑本店

‖高畑‖めんやはなびたかばたほんてん

☎052-354-1119
中川区高畑1-170
11:30～13:50、18:00～21:15（週六、日為11:00～）休 週一、第3週二 P 有 地下鐵東山線高畑站步行5分 MAP 別冊3A-3

店內只有櫃台座

若要嘗試多種口味就去名古屋驛麵通

廣為人知的拉麵主題公園。到名古屋站大樓內的「名古屋・驛麵通」，嘗試看看各種拉麵也相當有趣喔。

說到名古屋的拉麵
絕對不能漏掉這裡

創業約50年。搭配蔬菜、雞肉、豬肉、海鮮和昆布等，風味淡雅的湯頭相當具有特色。店主楓彰先生旗下弟子眾多，在名古屋的拉麵店當中，可說是擁有舉足輕重的地位。

加入昆布絲的快老麵（中）900日圓

帶有懷舊氛圍的吧台座位

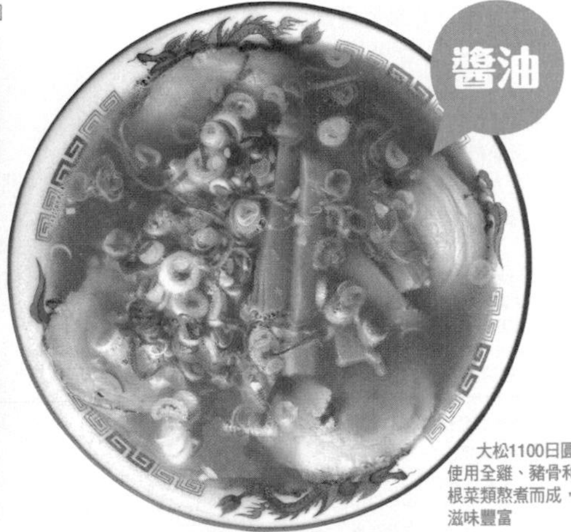

大松1100日圓
使用全雞、豬骨和根菜類熬煮而成，滋味豐富

好来道場

‖吹上‖こうらいどうじょう

☎052-735-3655
住 千種区春岡通6-1-16
⏰11:00～14:00 休 週日
P 有 🚉 地下鐵櫻通線吹上站步行5分
MAP 別冊4D-3

熟成洋蔥的甘甜
讓湯頭更顯滑順

湯頭是洋蔥底，在以豬骨、雞骨架蔬菜提取高湯後，放置一晚才算大功告成。淡淡的甘甜湯汁和自家製的Q彈直麵，風味絕佳。

中華蕎麥麵680日圓
半熟的蛋和100%國產小麥製成的卷麵備受好評

中華そば 一刻屋

‖鶴舞‖ちゅうかそばいっこくや

☎052-252-2299
住 中区千代田5-24-1 ⏰11:30～15:00、16:00～23:20(週六為11:30～23:20、週日為11:30～22:20) 休 無休 P 無
🚉 地下鐵鶴舞線鶴舞站即到
MAP 別冊5C-3

店內全面禁煙

呈現食材原本的風味
淡雅的和風湯頭

不添加任何化學調味料，使用30種以上的天然食材熬煮的湯頭相當受到歡迎。將自然甘甜發揮極限的和風湯頭，有清爽鹽味和稍濃醬油兩種口味可供選擇。

鹽拉麵730日圓
鮮美的海鮮高湯，呈現出清爽的口感

徳川町 如水

‖徳川‖とくがわちょうじょすい

☎052-937-9228
住 東区徳川町201 日幸ビル1F
⏰11:30～14:30、18:00～24:00
休 週二 P 有 📍 地下鐵榮站搭乘市巴士到山口町巴士站下車即到
MAP 別冊5C-1

店內是舒適的吧台座位

原來「台灣拉麵」的發源地不是台灣，而是在名古屋。據說創始人「味仙」的店主一開始是把台灣的麵料理加以改良，才演變成如今的台灣拉麵。

名媛也無法抗拒 世界級的魅力甜點

許多讓女生們著迷的知名糕點師都集中在名駅地區。
世界級赫赫有名的甜品店也相繼登場，將此地點綴得更加華麗。
就讓我們用這些口味和外表同樣高貴的甜點，品味名媛的幸福滋味吧。

由知名巧克力專賣店開設的奢華咖啡廳

ピエール マルコリーニ 名古屋

‖名駅‖ピエールマルコリーニなごや

本店在比利時，擁有許多獲獎經歷的巧克力專賣店所直營的咖啡廳。以產地直送的可可原料製成的巧克力甜點相當有人氣。咖啡廳內還有名古屋限定的甜點可品嘗，閃電泡芙則可在店內購買。

☎052-582-0456
中村区名駅4-7-1 MIDLAND SQUARE B1F 11:00～20:00(咖啡廳～19:30)、週五、六～22:00(咖啡廳～21:30)
休 無休 P 有 JR名古屋站步行5分 MAP 別冊6B-4
內用OK

附設的咖啡廳氣氛舒適沉穩

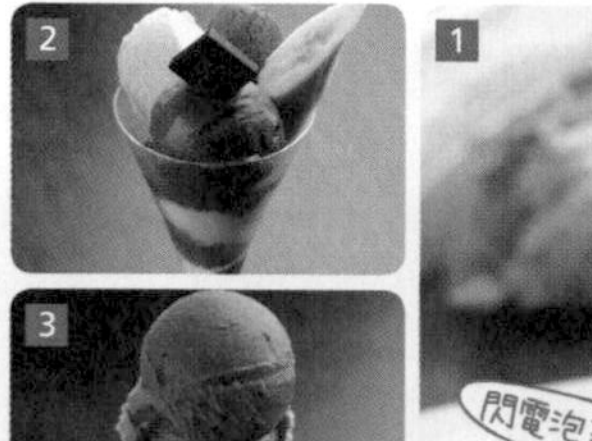

1閃電泡芙1個648日圓 2Marcolini巧克力聖代1728日圓
3雙球冰淇淋972日圓 4Marcolini精選8個裝（圖片為示意）

被譽為「法國甜點界的國寶」

ミッシェル・ブラン

‖名駅‖

最優秀甜點師傅大賞等，在法國點心界獲獎無數的Michel Belin所創立的巧克力＆甜品專賣店。除了以纖細技術製作的巧克力之外，還有日本首次登場的奶油蛋糕和馬卡龍等，陳列著各式各樣的甜點。

☎052-566-1101(代表)
中村区名駅1-1-4 JR名古屋高島屋B1F
10:00～20:00 休 不定休
P 簽約停車場 JR名古屋站即到 MAP 別冊7B-3

陳列著如同寶石般閃閃發光的蛋糕、馬卡龍、巧克力和餅乾等（依季節不同販售的商品也有所更動）

1各種外觀也同樣精美的蛋糕（圖片為示意） 2Michel Belin（9個）3240日圓 3馬卡龍Belin（26個裝）1080日圓（圖片為示意） 4綜合餅乾（3種～）1728日圓～（圖片為示

世界各國甜點匯集的名駅

除了本書介紹的之外，名駅有許多世界知名的甜點品牌匯集。JR名古屋高島屋（→P.64）裡，有法國的LADURÉE和奧地利的DEMEL、比利時的WITTAMER，MIDLAND SQUARE（→P.62）裡則有義大利的COVA等。

種人氣商品（圖片為示意） 2修女蛋糕（1個）206日圓
蛋糕（各種）1728日圓（圖片為示意） 4Quatre-Quarts（各種）1728日圓（圖片為示意）

成功到國外設店的人氣店

シェ・シバタ

‖名駅‖ シェシバタ

在岐阜多治見和名古屋覺王山設店，而且也在國外展店的人氣店，內有糕餅師柴田武的技術與美學發揮下的各式甜點。除了創作獨創而嶄新的甜點之外，講究食材烤成的傳統法國甜點也備受好評。

☎052-566-1101（代表號）
中村区名駅1-1-4 JR名古屋高島屋B1F ⏰10:00～20:00 休不定休 P有特約P 🚉JR名古屋站即到
MAP別冊7B-3

最有名的當然是每季不同的西點，商品內容豐富充實

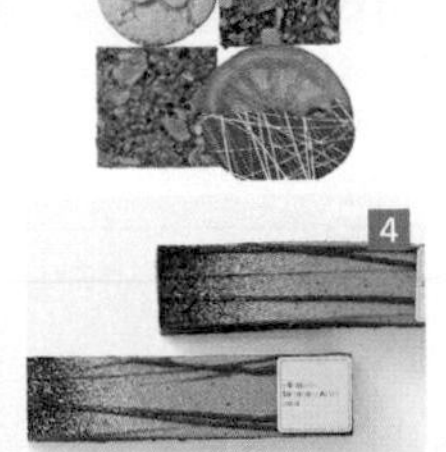

馬卡龍（1個）276日圓 2巧克力閃電泡芙（1個）501日圓
小點心petite boite（10種）3240日圓（圖片為示意） 4Bamboo（1個）831日圓

久候的精品店在名古屋登場

パティスリー・サダハル・アオキ・パリ

‖名駅‖

總部設在巴黎，創作當代風格甜點的青木定治精品店出現在名古屋。可以品嘗大家熟悉的馬卡龍等各種獨創甜點，享受精心追求食材本質之下做出的高雅美味。

☎052-566-1101（代表號）
中村区名駅1-1-4 JR名古屋高島屋B1F ⏰10:00～20:00 休不定休 P有特約P
🚉JR名古屋站即到
MAP別冊7B-3

也推出了名古屋限定品，以及配合日本人味覺使用日本食材的季節限定商品

「ピエール マルコリーニ 名古屋」的閃電泡芙，從開店的11時開始販售。也可在店鋪或電話預約。

集合各甜點師傅的創作 當今，最受矚目的名古屋甜品

以感性的巧手，將當季鮮果和嚴選食材
變身為色彩鮮豔的蛋糕與餅乾。
就來品嘗這些虜獲人心的知名甜點師父最拿手的甜品吧。

人氣享譽全日本 柴田師傅的甜品店

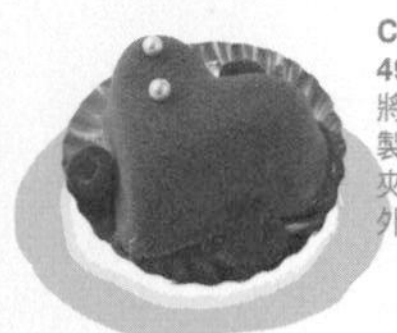

Coeur des bois
496日圓
將香草芭芭露蛋糕製作成心形，內層夾入莓果的果凍。外觀也相當討喜

Gaultier
496日圓
委內瑞拉產的頂級巧克力和蘭姆葡萄乾所製成的甜點

焦糖閃電泡芙
388日圓
人氣的必點商品。散發華麗光澤的焦糖醬在口中化為甘甜的香氣

chez Shibata 名古屋

‖覺王山‖シェシバタなごや

以法式西點的作法為基礎的原創甜點相當具有人氣。從世界各地嚴選食材製作的奶油蛋糕和餅乾堪稱絕品。

☎052-762-0007
⌂千種区山門町2-54
◷10:00～20:00
休 週二
P 無
🚇 地下鐵東山線覺王山站即到
MAP 別冊4E-2

色彩豐富的 可愛蛋糕們

Régnié的中津川蒙布朗
540日圓
微甜的頂級生奶油和100%的國產和栗醬美味超群

バガテール　ピスターシュ
497日圓
在開心果口味的杏仁蛋白餅內夾入奶油慕斯和香甜的草莓

レニエ

‖庄内緑地公園‖

曾經幾度到法國，追求法式糕點精髓的長谷川師傅，觸角甚至延伸至咖啡廳和巧克力專賣店等，以獨特的感性不時帶給大家新的甜品。

☎052-502-0288
⌂西区五才美町18-2
◷9:30～20:00（內用10:00～19:00）
休 週一（逢假日則翌日休）P 有
🚇 地下鐵鶴舞線庄內綠地公園站步行8分
MAP 別冊3A-1

對蛋糕的堅持而 綻放笑顏的甜點

圓頂巧克力
470日圓
在帶有光澤的圓頂外層中，夾入兩層微苦巧克力和牛奶巧克力的慕斯

千層蛋糕
470日圓
層層地夾入香脆的派皮、海綿蛋糕、卡士達醬和草莓

熱帶風情 480日圓（夏季限定）
以柳橙、芒果和杏桃製成，微甜中帶適度酸味的人氣蛋糕

ガトー・デュラ・メール・スリアン

‖上前津‖

得獎無數的糕點師傅所製作的甜品，不過分修飾的單純口感是最大的特色。母親節等節慶限定的蛋糕也相當受歡迎。

☎052-332-2477
⌂中区橘1-4-12
◷10:00～20:00
休 週三
P 有
🚇 地下鐵名城線、鶴舞線上前津站步行8分
MAP 別冊5B-3

遇見名古屋甜品風潮的原點

雖然在高樓建築或是百貨內有許多世界知名的甜品店相繼進駐，但將正統的法式風味引進名古屋，掀起甜品風潮的則是在這裡土生土長的糕點師父們。就來品嘗這些虜獲名古屋姑娘的職人手藝吧。

將餅乾如同藝術品般呈現的法式糕點店

千層派 430日圓
滿滿的奶油搭配上派皮酥脆的口感

Lapin 430日圓
在新鮮的乳酪當中加入覆盆子醬，是一款以法國Anjou地方為發想的甜品

Pâtisserie AZUR

‖東別院‖パティスリーアズュール

這裡販售巴黎修業的糕點師傅所製作的蛋糕和餅乾。彷彿在呼應法文「晴天」之意的店名般，店內裝飾著許多飛機的模型。

☎052-339-4151
中区伊勢山1-11-7
11:00～21:00(週六、假日～20:00)、內用～20:30，週六、假日內用～19:30) 休 週日、第2週一 P 有 地下鐵名城線東別院站步行5分 MAP 別冊5B-3

展示櫃內陳列約18種的蛋糕

法式草莓蛋糕 475日圓
法國當地最基本的草莓蛋糕。用奶油慕斯包裹著滿滿的新鮮草莓

杏桃塔 410日圓
讓人愉悅的杏桃口感搭配上酥脆的塔餅

巧克力閃電泡芙 291日圓
濃醇巧克力和美味的卡士達醬同時在口中擴散的招牌商品

KEN NISHIO

‖藤が丘‖ケンニシオ

每日推出約18種如寶石般的蛋糕，是由精選食材和仔細的步驟製作而成。同時也可在店內享用。

☎052-771-0071
名東区明が丘91 ハイツフジモリ1F
11:30～21:30(內用～21:00)
休 週二、第3週三
P 有 地下鐵東山線藤之丘站步行7分
MAP 別冊3C-2

可以品嘗到本店的歐洲風味蛋糕

蒙布朗 463日圓
在本店相當具有人氣的巴黎風蒙布朗。法國產的栗子奶油口感滑順香濃

Chocolat de Paris 486日圓
使用法國法芙娜口感濃醇的巧克力。並添加北海道產的純生奶油

CAFÉ TANAKA本店

‖上飯田‖カフェタナカほんてん

1963年以咖啡專賣店創業。由糕點師傅重現法國本店的甜品滋味豐富，是店內引以為傲的商品。鐵板義大利麵（864日圓）等輕食也頗受好評。

☎052-912-6664
北区上飯田西町2-11-2
10:00～19:30(內用9:30～18:00，週六、日、假日內用8:30～19:00) 休 無休 P 有
地下鐵上飯田線上飯田站步行3分
MAP 別冊3B-2

Pâtissier是法文的糕點師傅之意。另外女性則稱為pâtissière。

鬆軟酥脆
當地人氣的麵包烘焙坊

陣陣撲鼻的香味。咬下一口，淡雅的甘甜就在口中擴散…。
無論男女老幼，都為這些專業職人的麵包深深著迷。
就為大家挑選這些現出爐麵包的烘焙坊吧。

可頌麵包…200日圓
使用北海道產的發酵奶油，是香味豐富料好實在的人氣商品

櫻桃丹麥麵包…216日圓
滿滿都是自製卡士達醬和酸酸甜甜的櫻桃

Plaisir麵包…320日圓
店家的特色商品。內含大量水果乾和堅果類等雜糧

牛奶丹麥麵包…140日圓
購買時會擠入奶油，因此外皮的酥脆依舊

黑麥無花果麵包…160日圓
放入土耳其產的無花果乾，搭配紅酒和起司也很合適

橄欖麵包（橄欖果實）…210日圓
加入浸漬在橄欖油裡的橄欖果實，富含橄欖的風味

沉浸在法式氛圍的
小巧麵包店
Le Plaisir du pain

‖東山公園‖ル プレジール デュ パン

在法國從事麵包師父十年以上的Venon Nicolas所開設的正統法式麵包店。除了能感受到法國日常的麵包和甜品之外，還有販售法式鹹派和鹹蛋糕，同時也能在這裡的咖啡廳享用。

☎052-781-0688
千種区東山通4-17 黒川ビル1F
9:00～18:30(咖啡廳～17:45)
休 週二、第3週一 P 有 地下鐵東山線東山公園站即到 MAP 別冊4E-3

以法國流面對面的方式提供麵包的美味吃法

外皮的美味眾所皆知！
超過150種的多元性也富魅力
peu frequente

‖瑞穂運動場‖プーフレカンテ

使用3種麵粉，不同的麵包會有不同的比例，也有不同的揉製方式，長時間發酵的麵皮美味備受好評，甚至有遠方來的客人。共提供超過150種麵包，不但種類多元而且每季都有新商品登場。

☎052-858-2577
瑞穂区豊岡町1-25シャンボール近藤1F
8:00～19:00 休 週一、週二不定休
P 有 地下鐵櫻通線瑞穗運動場西站步行7分 MAP 別冊3B-3

小巧的店內放滿了各式的麵包

小麥的美味在嘴裡擴散
不禁愛上這樸實的麵包
kamiya bakery

‖本山‖カミヤベーカリー

最重視的是小麥的美味。不使用砂糖和雞蛋，慢慢等待充分發酵的麵包，樸實的口感當中帶有穀物的自然香甜。從搭配餐點的麵包到當點心的甜麵包，有多樣化的商品可供選擇。

☎052-752-6112
千種区春里町4-1-11
10:00～17:00 休 週日、一 P 有
地下鐵東山線、名城線本山站步行10分
MAP 別冊4E-2

以面對面的方式能在聊天當中選購麵包。另設有雜貨區

Levain乳酪麵包…820日圓

（1/2個410日圓）／加入葡萄乾、核桃和奶油起司等的天然酵母麵包

無花果鄉村麵包…400日圓

加入滋味豐富的有機無花果乾製成的天然酵母麵包

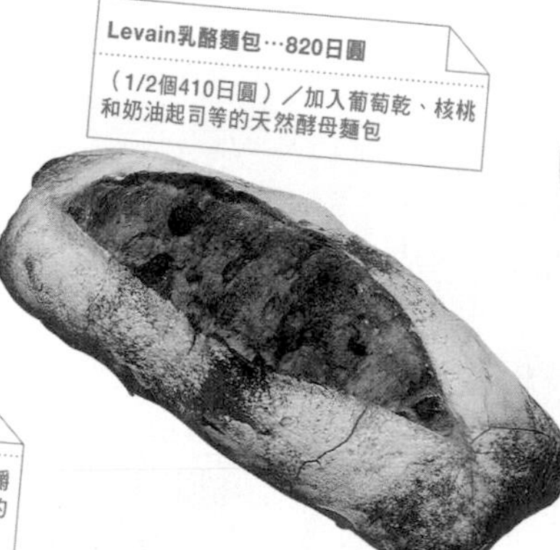

ぱぴ·ぱん…40日圓

小型的法國麵包。咀嚼當中漸漸散發出小麥的甘甜

牛角硬麵包…86日圓

這款硬麵包清爽的鹹味相當具有特色。越嚼越有味道

在不斷地嘗試下才研發出引以為傲的天然酵母麵包

ブランジェリーぱぴ・ぱん

‖植田‖

以法國傳統製法和花崗岩的大型烤箱製作而成的麵包和餅乾，是店裡的自信商品。除了使用自家製天然酵母的「鄉村麵包」之外，另有當日三明治和餅乾等販售。

☎052-808-7539
住天白区植田3-1209-1 サンテラスタカギ1F 時8:00～19:00 休週日、隔週週一 P無 電地下鐵鶴舞線植田站即到
MAP別冊3C-3

麵包可以事前預約訂購

遇見「BLANC PAIN」的麵包和養生果汁

BLANC PAIN SAKAE

‖榮‖ブランパンサカエ

販賣可頌和天然酵母麵包，位在天白區「BLANC PAIN」的2號店。這裡同時約有50種本店的人氣麵包上架。另外吧台還擺滿新鮮的水果和蔬菜，可以品嘗現點現搾的健康養生果汁。

☎052-971-0507
住東区東桜1-9-36 時11:15～19:00
休週一(逢假日則翌日休)
P無 電地下鐵東山線、名城線榮站步行5分 MAP別冊8E-3

紅磚瓦的外觀。也可在店內品嘗現搾的果汁

嚴循古法製作的德國麵包專賣店

BÄCKEREI MIYAGAWA

‖一社‖ベッカライミヤガワ

以德國重視的無添加製法，同時加入黑麥等穀物細心燒烤而成。比起單純享受吃麵包的樂趣，這裡有更多適合搭配餐點的硬麵包。無論哪一種都口感簡單卻存在感十足。

☎052-704-2367
住名東区高間町492-1
時9:00～19:00 休週二、三 P有
電地下鐵東山線一社站步行20分
MAP別冊3C-2

除了有德國的硬麵包之外，蛋糕和餅乾的種類也很多元

由於多數店家的麵包都會在中午前出爐，因此要品嘗美味麵包的話，建議在購物或是觀光之前購買。

自用、餽贈、伴手禮 多用途的百貨地下街美食

從名古屋各種名產，到名古屋小姐喜歡的當地甜點都一應俱全。
晚餐的菜肴、餽贈、伴手禮用…。
困擾的時候到「百貨地下街」，也許會發現合乎心意的上上選。

1 花手毬便當
951日圓／地雷也

2 吉芋花火
600日圓（170g）／吉芋

3 鬼饅頭
3個裝454日圓／浪越軒

4 特製清爽咖哩
外帶一人份
1080日圓／匠

5 哈密瓜芭芭露
1個756日圓／フルーツパーラーレモン

6 魔幻巧克力圈
545日圓／HEART BREAD ANTIQUE

7 西尾抹茶的捲心酥
10個裝721日圓／萌シェ

8 特大鰻魚卷壽司
一條1260日圓／樺焼家 川次

9 名古屋交趾雞昆布卷
2條裝1080日圓／六行亭

10 飛驒牛特級烤里肌三吃
2592日圓／みわ屋

1名古屋著名的炸蝦飯糰和小菜組合的便當
2番薯糕點專門店的番薯條，用特製蜜糖攪拌過
3鬼饅頭的名稱，是因為有著像鬼角一般凸起而來
4低熱量而口感極佳的湯品感覺咖哩，有著懷石料理的質樸而深奧的美味。冷藏可保存3～4天，冷凍則可放約3週。※圖為擺盤例
5使用當令的哈蜜瓜。是專門店特有的人氣商品。
6「HEART BREAD ANTIQUE」的高人氣商品。使用法國麵包麵糰做成丹麵包外皮，再灑上巧克力碎片，麵包內揉進烤過的核桃
7使用了西尾產抹茶的管狀點心，內側填入抹茶巧克力。
8使用以秘傳醬汁烤成鰻魚作內料的卷壽司
9將愈嚼愈美味的名古屋交趾雞，和北海道昆布燉煮而成的昆布卷
10將柔嫩的飛驒牛里肌做成三吃風格的美妙料理

標示的營業時間，是各百貨食品賣場的營業時間。

•1•3•5•7•9•10•

JR名古屋高島屋

‖名駅‖ジェイアールなごやタカシマヤ

☎052-566-1101(代) 中村区名駅1-1-4 B1F・B2F 10:00～20:00(視店鋪而異) 休不定休 P有 JR名古屋站即到 MAP別冊7B-3

•1•4•

名古屋三越 榮店

‖榮‖なごやみつこしさかえてん

☎052-252-1111 中区栄3-5-1 B1F 10:00～20:00(匠的內用11:00～19:30) 休不定休 P有特約P 地下鐵東山線、名城線榮站即到 MAP別冊10D-1

•2•5•9•

松坂屋名古屋店

‖矢場町‖まつざかやなごやてん

☎052-251-1111 中区栄3-16-1 本館B1F 10:00～20:00(視店鋪而異) 休不定休 P有特約P 地下鐵名城線矢場町站即到 MAP別冊10D-2

•5•8•

丸榮

‖榮‖まるえい

☎052-264-1211 中区栄3-3-1 B1F 10:00～20:00(視店鋪而異) 休不定休 P有特約P 地下鐵東山線、名城線榮站即到 MAP別冊11C-1

•2•

名鐵百貨店本店

‖名駅‖めいてつひゃっかてんほんてん

☎052-585-1111 中村区名駅1-2-1 本館B1F 10:00～20:00(新年期間除外、視店鋪而異) 休不定休 P有 JR名古屋站步行3分 MAP別冊6B-4

•6•

近鐵Pass'e

‖名駅‖きんてつパッセ

☎052-582-3411 中村区名駅1-2-2 B1F 10:00～20:30(視店鋪而異。ANTIQUE為9:00～) 休無休 P無 JR名古屋站步行3分 MAP別冊6B-4

前往名古屋的人氣地區

名駅和榮，即使在充滿元氣的名古屋當中
仍算是格外朝氣蓬勃的街道。
而大須、本山和覺王山，
則是散發著濃厚個性的區域。
從當今最熱門的景點，
到稍具深度的風景區，
就來一趟名古屋人氣地區的巡禮吧。

在名駅MS東海唯一的店家 享受高品味的購物樂趣♪

備受全世界注目的一流品牌和時髦商店聚集的
MIDLAND SQUARE，位在往來名古屋交通的便利之地。
有不少品牌在東海地區只在此地設點，因此千萬別錯過。

MIDLAND SQUARE

‖名駅‖

一流名牌店、高品味雜貨店和備受全球愛戴的美食名店等，約60間店鋪都齊聚在這棟豪華的大樓內。就座落在名古屋站極近之地，在交通上可說是非常方便。

☎052-527-8877
中村区名駅4-7-1 視店鋪而異
休無休 P有 JR名古屋站步行5分
MAP別冊6B-4

1 可愛的心型外觀博得人氣的BIJOUX系列「ROMANCE」項鍊。ROMANCE項鍊RED MIRROR S 43200日圓

2 重視穿著舒適度的LAGOPUS室內鞋4104日圓

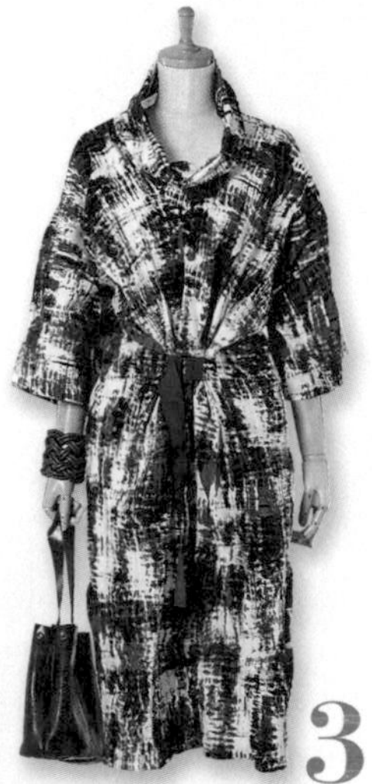

3 洋裝62640日圓、手環16200日圓、包包41040日圓

擁有250年歷史 王者們的水晶

Baccarat東海旗艦店才有的商品陣容

音響到廚房家電 將設計導入日常

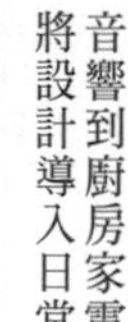

店內擺放許多充滿童趣創意的家具雜貨和美妝品等商品

在都會中享受 自然生活的提案

都是高雅而優質的商品

① Baccarat (1F)

‖珠寶‖バカラ

1764年創立於法國的高級水晶品牌。從珠寶、杯具到吊燈，都如「皇室御用水晶」的美譽一般，綻放著華麗眩目的光芒。

☎052-533-8520 11:00～20:00

② Idea Frames 名古屋ミッドランドスクエア(3F)

‖雜貨‖イデアフレイムスなごやミッドランドスクエア

以「設計感」為主題精選的家具和雜貨。從音響、家電、旅行用品到有機保養品，有許許多多相當適合作為禮物的商品。

☎052-588-7311 11:00～20:00

③ PLAIN PEOPLE (3F)

‖流行服飾‖プレインピープル

除了有自家品牌的服飾之外，還有從國內外精選的流行商品、雜貨、和養生的發酵調味料等，提供食衣住全方位的生活用品。

☎052-569-2248 11:00～20:00

光是逛逛就能充分品味名媛氣息的MS
在MIDLAND SQUARE的華麗大樓當中，五層樓挑高的開放感氣勢十足，讓奢華的空間無限延伸。

4
各種紅茶1罐80g 2000日圓～、各種果醬1瓶140g 1100日圓～等

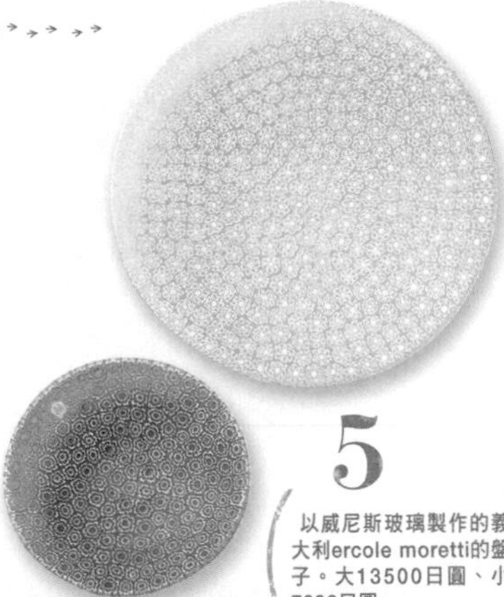

5
以威尼斯玻璃製作的義大利ercole moretti的盤子。大13500日圓、小7992日圓

6
Globe Trotter拉桿輪式行李箱（21英吋）19萬4400日圓、迷你旅行箱（9英吋）91800日圓

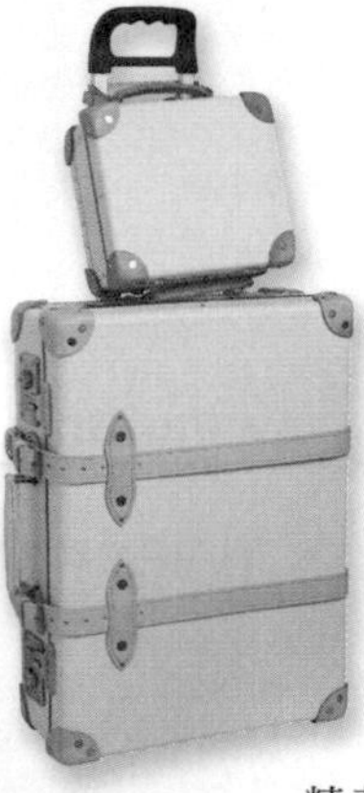

匯集世界各地美食的食材精品店

可以以公克為單位購買在開放式廚房製作的各色料理。另設有座位區能在店內輕鬆享用

世界各地精選品味高雅的品項

也販售骨董的飾品和手錶

英國高級品牌的精品店

摩登而高級感的店內

4 DEAN & DELUCA (B1F)

‖食品‖ディーンアンドデルーカ

1997年創立於紐約的蘇活區。世界中美味的食材、或是包裝精美可愛的零食等，聚集各種相當適合作為禮物的食品。

☎052-527-8826 🕒10:00～21:30

5 in Touch (3F)

‖雜貨、流行服飾‖インタッチ

販售包包和、飾品、美妝品、桌巾等廣泛領域商品的店家。眾多商品也非常適合作為餽贈的禮品。

☎052-527-8845 🕒11:00～20:00

6 VULCANIZE London (3F)

‖流行服飾‖ヴァルカナイズ・ロンドン

精選代表英國的高級品牌。「Globe Trotter」「FOX UMBRELLAS」等，提供給喜愛摩登英倫風的顧客。

☎052-527-8835 🕒11:00～20:00

MIDLAND SQUARE地下一樓的中庭，不時會舉辦演唱會等各種活動。

另外還有這樣的地方
名駅旁的知名景點

作為名古屋玄關的名駅地區，是從早到晚都聚集許多人潮的大都會。
堂堂聳立的超高層建築和百貨當中，隨時充滿無限的新奇與樂趣。
至今仍以各式各樣的表情，裝飾這持續進化的街道。

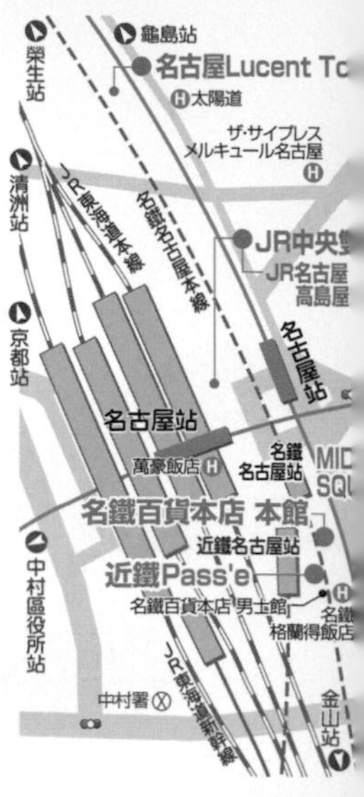

名店的地標、Towers
JR中央雙塔

ジェイアールセントラルタワーズ

直通JR名古屋站，由辦公大樓和飯店棟構成的複合式高層大樓。設有JR名古屋高島屋百貨，和名古屋萬豪飯店、美食名店匯集的TOWERS PLAZA等。

☎052-586-7999（JR中央雙塔服務中心）⌂中村区名駅1-1-4 ⓛ依各店鋪而有所不同 休無休 P有 🚉JR名古屋站即到 MAP別冊7A-3

JR名古屋高島屋

ジェイアールなごやタカシマヤ

☎052-566-1101 ⌂中村区名駅1-1-4 ⓛ10:00～20:00（視各店鋪而異）休不定休 P有 🚉JR名古屋站即到 MAP別冊7B-3

位在15層樓的空中迴廊。眼下是一望無際的名古屋街景

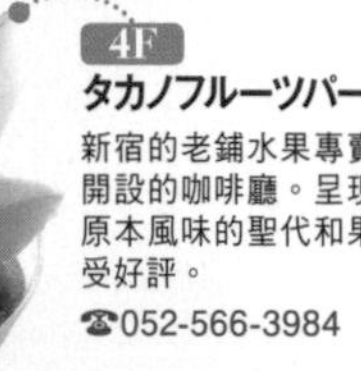

水果聖代1296日圓（內容因季節而異）

4F

タカノフルーツパーラー

新宿的老鋪水果專賣店所開設的咖啡廳。呈現水果原本風味的聖代和果汁頗受好評。

☎052-566-3984

B1F

シュガーファース 銀のぶどう

以「銀の葡萄」掀起話題的薄餅專賣店。添加奶油和砂糖燒烤而成的薄餅香氣四溢，堪稱絕品。

☎052-566-1101（代）

chocolate mail的超值（7袋裝）648日圓

若要品嘗名古屋在地美食的話♪
名古屋Lucent Tower

なごやルーセントタワー

微彎的曲線設計相當具有時尚感的超高樓建築。地下1樓、地上1、2樓和40樓都有和、西、中式的餐廳進駐。匯集各家名古屋在地美食名店的食堂也相當有人氣。

☎052-588-7788
⌂西区牛島町6-1 ⓛ視各店鋪而異 休不定休 P有 🚉JR名古屋站步行5分 MAP別冊7A-2

與車站和商業大樓連結的「ルーセントアベニュー」地下走廊

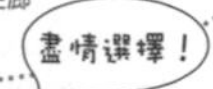
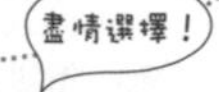

B1F

名古屋うまいもん処 名古屋丸八食堂

なごやうまいもんどころなごやまるはちしょくどう

集合了名古屋4間在地美食代表店的食堂。由於能在此盡情挑選品嘗這些需大排長龍的店家，因此總是熱鬧滾滾。

☎052-564-7581 ⓛ11:00～22:30

矢場とん やばとん
密傳的味噌和酥脆麵衣內包裹著軟嫩的豬肉相當具有魅力。わらじ豬排飯1290日圓

うな匠 うなしょう
使用肥嫩甘甜的鰻魚所製成的鰻魚三吃堪稱絕品。鰻魚飯三吃3780日圓

鳥開総本家 とりかいそうほんけ
販售愛知產的雞肉製成的炸雞翅等料理。特選名古屋交趾雞親子丼1382日圓

カネ勘 カネかん
碁子麵和炸蝦飯糰的套餐頗受好評。肉丸碁子麵搭配炸蝦飯糰2個的套餐949日圓

明道町Jct
都心環状線
泥江町
國際中心站
丸之内站
鐵櫻通線
笹島中小
錦橋出口
センチュリー豊田ビル
名駅入口
地下鐵東山線
柳橋
伏見站
學園螺旋塔
新洲崎Jct

家電也交給名駅

名駅地區也是名古屋著名的家電激戰地區。繼Bic Camera、山田電機「LABI名古屋」之後，「YODOBASHI CAMERA」2016年春季也預定在JR新大樓開幕。

貴婦級的電影院☆

MIDLAND SQUARE CINEMA

這間豪華的電影院引以為傲的座位是採用獨創的柔軟皮革打造。全部共有7個螢幕、1270席座位。

能在地上220m、整面落第窗的空中迴廊「SKY PROMENADE」飽覽名古屋風景

購物＆用餐＆人文
MIDLAND SQUARE

樓高247m的超高層建築內，除了有辦公大樓之外，另有一流的名牌店、深受世界大眾喜愛的雜貨和美食的名店等，約有60間店鋪進駐。豪華的電影院也備受好評。P.62

鬆餅風潮是從這裡開始♪

7F
PANCAKE DAYs
パンケーキデイズ

因TV和雜誌而成為話題的鬆餅店。搭配店裡吉祥物的可愛鬆餅，無論是作為甜點或是正餐都OK。

DAYs特餐（2～4人用）2484日圓

☎052-561-7508

充滿童趣的店內

女生的流行發源地
近鐵 Pass'e
きんてつパッセ

10～20幾歲女性聚集的時尚大樓。約有70幾家女性流行服飾的商店，每月的TOWER RECORDS和星野書店的活動備受矚目！

☎052-582-3411 ⌂中村区名駅1-2-2 ⏲10:00～20:00(B1F～20:30、8、9F～21:00) 休無休 P無 JR名古屋站步行3分 MAP別冊6B-4

美容商品充實的百貨
名鐵百貨店本店
めいてつひゃっかてんほんてん

劃分成以女性為中心的本館和東海地方唯一的男士館。除了高品質的流行時尚商品、小物、生活雜貨之外，食品的貨色齊全，受到廣泛年齡層顧客的支持。

☎052-585-1111 ⌂中村区名駅1-2-1 ⏲10:00～20:00(視時期而異) 休不定休 P有特約P 名鐵名古屋即到 MAP別冊6B-4

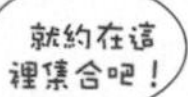

NANA CHAN人偶

1973年出生，身高610cm的模特兒人偶「NANA CHAN人偶」，是不用說大家都知道的集合地點！

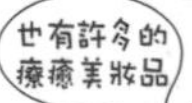

アユーラ

讓身心靈都獲得放鬆的精油香芬。AYURA活力泡泡（入浴劑）1944日圓

本館2F **Beaute Concierge**

「Beaute Concierge」提供如何選擇最適合自己肌膚保養品諮商服務。也提供使用肌膚診斷機（預約者優先）做肌膚診斷的服務。

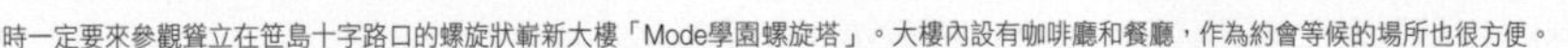

同時一定要來參觀聳立在笹島十字路口的螺旋狀嶄新大樓「Mode學園螺旋塔」。大樓內設有咖啡廳和餐廳，作為約會等候的場所也很方便。

從名駅步行只要5分的商圈內♪休閒風的商品

在名駅的百貨和購物商場內輕鬆購物。
由才華洋溢的流行設計師經手的店，
或是只有名古屋當地才有的罕見店鋪等，就在這裡享受屬於自己的流行吧。

名鐵百貨內

連備受矚目的品牌都有豐富的品項構成

JETSET SOLOPLUS

ジェットセットソロプラス

成人女性會興奮莫名的新感覺精品店。除了獨家商品之外，還備有內容廣泛的品項，包含世界各國精選的服裝和雜貨、飾品、生活雜貨等可以發現到自己的風格。

休閒到職業女性流行服飾的多樣商品構成極富吸引力

☎052-585-7584
中村区名駅1-2-1 名鐵百貨店本店本館3F 10:00～20:00(視時期而異) 休不定休 P有特約P JR名古屋站步行3分 MAP別冊6B-4

鮮豔格子紋為重心的可愛設計襯衫，和英國進口品牌「Lon Denim」丹寧短裙

近鐵Pass'e內

每天愉快地化妝！人氣的韓國美妝品

ETUDE HOUSE

エチュードハウス

第一家店設在韓國首爾明洞的超人氣美妝品牌。有著豐富的色彩種類和洋溢玩心的設計，讓美妝時間更能娛樂人心的品項齊全。

以粉紅色為基調的可愛店內

☎052-561-7439
中村区名駅1-2-2 近鐵Pass'e3F
10:00～20:00 休無休
P無休 JR名古屋站步行3分
MAP別冊6B-4

外觀也極為可愛的保濕護手乳各700日圓

可以按照膚質選擇的超人氣BB霜各1680日圓

近鐵Pass'e內

以原宿街區風格為主最新的引領潮流提案

WEGO

ウィゴー

以來自東京原宿街區的寬廣領域款式為主，加入混合做二手的穿著概念，以個性派的混搭提供最新流行風潮。

店內滿是最新流行的多元款式

☎052-533-5161
中村区名駅1-2-2 近鐵Pass'e7F
10:00～20:00
休無休 P無 JR名古屋站步行3分 MAP別冊6B-4

V形領露頸毛衣2149日圓
配色線條構成重點的流行感十足毛衣

中長百折裙3229日圓
美麗的貼身感覺和不會過寬的
帶出絕妙適度的輪廓，作工優

※刊登商品有時會因售罄、或是換季而有所更動（圖片僅供參考）

名鐵百貨店本店 本館4樓“MAISON de Nana”，是個以永遠的「可愛」為主題，匯集領先潮流生活型態商店的樓層。共有22個服飾和雜貨等的品牌設櫃。

長褲

襯衫

用流行元素展現自我風格

STYLE&EDIT

スタイル&エディット

高島屋以獨到的眼光所經營的精品店。挑選來自國內外各家品牌的商品，要在當今的流行趨勢當中展現自己的時尚態度。精緻的服飾搭配雜貨，提供全方位的生活風格。

流行雜貨也相當豐富

☎052-566-8254
⌂中村区名駅1-1-4 JR名古屋高島屋5F ⏰10:00～20:00
休不定休 P有特約P 🚉JR名古屋站即到 MAP別冊7B-3

外套和內衣

洋裝

以絕妙的對比呈現出女人味的風格

BERARDI

ベラルディ

Antonio Berardi的副品牌。善用高雅的素材，以及展現女性美感的版型和衝突的配色，為現代女性的日常生活提供絕佳的搭配商品。

關鍵就是布料、剪裁和對比

☎052-566-8642
⌂中村区名駅1-1-4 JR名古屋高島屋6F ⏰10:00～20:00 休不定休 P有特約P 🚉JR名古屋站即到 MAP別冊7B-3

棕色的古典短靴

深受名媛讚賞的舒適感

UGG®Australia

アグ オーストラリア

以「奢華＆舒適」為概念，從加州發跡的頂級休閒品牌。除了有經典的羔羊皮靴之外，男用和女用的商品也相當豐富。

一年四季各種的商品種類齊全

☎052-566-8168
⌂中村区名駅1-1-4 JR名古屋高島屋3F ⏰10:00～20:00
休不定休 P有 🚉JR名古屋站即到 MAP別冊7B-3

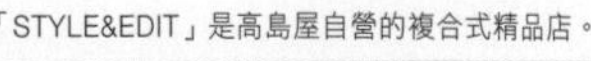
「STYLE&EDIT」是高島屋自營的複合式精品店。

順道來看夜景如何呢？在名駅享受浪漫的晚餐&美酒時光

在特別的夜晚，到成熟大人的餐廳和酒吧，
伴隨著高水準的晚餐和豐富的酒品，一同沉浸在浪漫的氛圍當中。
在這裡，就為您介紹幾道料理來搭配餐桌望出去的無敵美景吧。

地上210m的絕佳地點

Sky Lounge ZENITH

スカイラウンジ ジーニス

位在名古屋萬豪飯店最頂層52F的餐廳。17時以後是以酒吧為主的雞尾酒時間。如同店名"Sky Lounge"一般，絕佳的美景氣氛十足。主廚拿手的晚間全餐也深獲好評。

☎052-584-1108
中村区名駅1-1-4 名古屋萬豪飯店52F
11:30～23:00
休 無休 ¥ 開桌費1050日圓(20:00～)
P 有
JR名古屋站即到
MAP 別冊6B-4

雞尾酒1130日圓～

道路光線如筋絡般交錯的夜景，正是都市特有的醍醐味

水表演美輪美奐的餐廳酒吧

Blue'dge

ブルーエッジ

以水為概念的透明感空間讓人印象深刻。從午餐、下午茶到晚餐，都能享受隨著時間變換的各種表情。外觀同樣賞心悅目的料理是飯店主廚親自製作，為這奢侈的片刻更增添光芒。

☎052-527-8866
中村区名駅4-7-1 MIDLAND SQUARE 41F
11:00～13:30、14:30～15:30(午茶只在週六、日、假日提供)、17:30～22:30
休 無休 ¥ 開桌費500日圓（酒吧時段） P 有
JR名古屋站即到
MAP 別冊6B-4

晚餐是單品1200日圓～、飲料900日圓～

沿著建築向外落下的流水裝飾，更讓人如同身在天空中眺望夜景

享受雞尾酒的方式

一般而言，雞尾酒分為短飲和長飲兩種類型。這是以美味狀態的時間長短作區別。建議較不勝酒力的人，可選擇長飲的雞尾酒細細品嘗。

還能看到電視塔。另外在18～20時有限定20客的夕陽晚間全餐（6000日圓、8000日圓，含開桌費）

散發成熟大人氛圍的精緻空間

SKY LOUNGE THE ONE AND ONLY

スカイラウンジザワンアンドオンリー

位在名古屋Lucent Tower的最頂層、離地180m高的酒吧。能在以黑色為基調的時尚空間內，品嘗種類豐富的雞尾酒。另外也可以點酒單內沒有，只屬於自己的獨家特調。

雞尾酒900日圓～。獨家特調雞尾酒也很推薦在紀念日享用

☎052-551-0030
⌂西区牛島町6-1 名古屋Luncent Tower 40F
🕒18:00～24:00 休不定休 ¥開桌費1000日圓～
P無 🚉JR名古屋站步行5分 MAP別冊7A-2

眺望霓虹夜景的同時，就用這裡精選世界上約200種的紅酒乾杯吧

沉浸在奢華氣氛的“葡萄酒餐廳”

ワインラウンジ&レストラン セパージュ

能同時享受葡萄酒、法式料理和夜景的休閒餐廳。侍酒師精選的豐富酒藏，搭配從正統的全餐到隨性的單點菜色，結合多種料理打造出高品質的用餐時光。除了紀念日之外，配合各種需要前來也相當有魅力。

晚間全餐4860日圓～

☎052-587-7820
⌂中村区名駅1-1-4 JR名古屋高島屋51F
🕒午餐11:00～14:00、晚餐17:30～20:30、酒吧21:00～22:30
休不定休
P有 🚉JR名古屋站即到
MAP別冊7B-3

「スカイラウンジ ジーニス」每晚都有鋼琴現場演奏，能在此享受優質的音樂演出。

集結在話題地區，名駅車站附近的美食據點

作為名古屋的玄關而備受矚目的名駅地區，
隨著超高層摩天大樓的增建中，各美食據點也相繼誕生。
現在就介紹在這樣的名駅附近美味的店家吧。

品嘗三星級餐廳的佳餚與絕景

1田雞慕斯"Paul Haeberlin" 2馬賽克鵝肝醬
3奶油香煎鴿肉排 "Romanov" 4肉醬龍蝦

オーベルジュ・ド・リル ナゴヤ

‖法國料理‖

位在阿爾薩斯的本店，是維持40年以上的米其林三星法國料理名店。同時也是代表美食文化的Haeberlin家族代代相傳的傳統美味。

☎052-527-8880
中村区名駅4-7-1
MIDLAND SQUARE 42F
11:00～13:30、
17:30～20:00
休 無休
P 有
JR名古屋站步行5分
MAP 別冊6B-4

由森田恭通所設計的室內裝潢

流出熱呼呼湯汁的小籠包

1滿滿湯汁的小籠包843日圓 2黑胡椒的辛辣和黑醋酸味明顯的酸辣湯麵1080日圓 3鮮蝦麵套餐1728日圓 4檸檬愛玉324日圓

鼎泰豐

‖中國料理‖でぃんたいふぉん

再現世界10大餐廳之一，台北鼎泰豐的好滋味。最有名的小籠包，柔軟的外皮內濃縮著滿滿的肉汁和甘甜精華，是一道熱呼呼的美味。

☎052-533-6030
中村区名駅1-1-4
JR中央雙塔12F
11:00～22:00
休 無休
P 有
JR名古屋站即到
MAP 別冊7A-3

寬敞舒適的店內

大樓內的餐廳要注意這裡！

在許多人集中的名駅地區的人氣大樓內，由於電梯會時常處於忙碌的狀態，因此需多留意電車時刻等問題。

享用名古屋具代表性老字號麵店的菜色

1設有櫃台座和桌座的店內 2炸櫻花蝦餅和涼蕎麥麵1566日圓。櫻花蝦只使用味道好的由比濱產 3口感酥脆的天麩羅和蕎麥麵很對味

紗羅餐

||蕎麥麵||さらざん

名古屋的著名蕎麥麵店。自己種植的蕎麥在店內手工打成，有著高雅香氣和美味。酒類和單點菜色也很齊全。

☎052-527-8871
⌂中村区名駅4-7-1 MIDLAND SQUARE 4F
🕒11:00～15:30、17:00～22:00(週六、日為11:00～22:00)
休 無休 ※有
🚉 JR名古屋站步行5分
MAP 別冊6B-4

同享料理與美酒義大利食堂

1炭火燒烤的和豚帶骨里肌肉1680日圓 2香腸菊苣的手打義大利麵1320日圓
3店內設有包廂

TAVERNA GUIDA

||義大利料理||タヴェルナグイダ

使用當日進貨的食材製作的每日餐點約有30種以上。能輕鬆品嘗義大利進口的肉類所烹煮的正統義大利菜。

☎052-581-1005
⌂中村区名駅南1-20-5 近喜第四ビル1F
🕒11:30～14:00、17:30～22:30
休 週日
P 無
🚉 JR名古屋站步行8分
MAP 別冊6C-5

傳承巨匠精粹正統派的法式料理

1香煎鱈魚搭配香草風味的伯那西醬 2全日皆可品嘗到的本日全餐。甜點可從數種品項內擇一
3在沉靜氛圍的店內享受用餐樂趣

ブラッスリー ポール・ボキューズ ラ・メゾン

||法國料理||

繼承法國料理界權威Paul Bocuse精粹的小酒館。能以合理的價格品嘗以當地食材製作的正統法式料理。

☎052-563-4455
⌂中村区名駅1-1-4 JR中央雙塔12F
🕒11:00～14:00(週六、日、假日～17:00)、17:30～21:00
休 無休 P 有
🚉 JR名古屋站即到
MAP 別冊7A-3

分量滿點的休閒義式料理

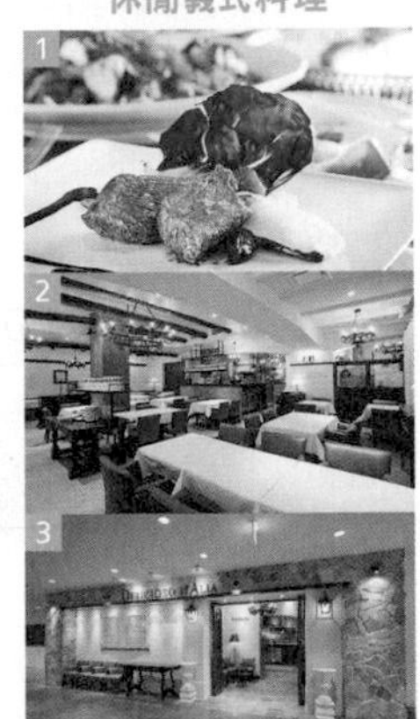

1晚上的Delizioso全餐（3980日圓）份量十足 2有著義大利小餐館溫馨感受的店內 3時髦的店內可以享用正統的義大利菜色

デリツィオーゾ イタリア エピストーキョー

||義大利料理||

在東京惠比壽和丸之內的人氣店。能在此盡情品嘗以大量海鮮製成的義大利麵和窯烤拿坡里比薩等，這些呈現食材原本風味的料理。

☎052-562-5577
⌂中村区名駅1-1-4 JR中央雙塔12F
🕒11:00～15:00、17:30～22:00(週六、日、假日11:00～22:00)
休 無休
P 有 🚉 JR名古屋站即到
MAP 別冊7A-3

若是要在名駅地區移動的話地下街相當方便。能不用出地下街走到外面而直接通往車站，因此下雨天也能安心。

「奢華的名駅」進行中♪ 晚飯就到町家通的餐館

從名駅稍微往北的巷弄內
以町家改建而成的餐館逐年增加中。
就到這些極具風情、同時氣氛輕鬆的町家餐館享用晚餐吧。

在充滿歷史感的町家享用拿手料理

碳火烤雞翅
651日圓
烤得均勻漂亮的雞翅一盤5隻

名物 そら豆自製豆腐
525日圓
耗時費工製作的豆腐風味濃醇

そら豆

‖居酒屋‖そらまめ

這間擁有氣派大門的餐廳是以屋齡70年的錢湯改建而成。內裝用皮革沙發等布置呈現出舒適放鬆的空間。以「料理競技場」為主題，提供名古屋著名的味噌料理和日本酒單等各種耗時費工的獨創料理。

☎052-566-5550
中村区名駅3-17-28
17:00～24:00 休週日 P無
JR名古屋站步行3分
MAP 別冊7B-3

店內設有吧台座位

在各式包廂內品嘗輕鬆的料理

墨魚炒飯
680日圓
漆黑的烏賊墨汁色和意想不到的美味是一道讓人驚豔的料理

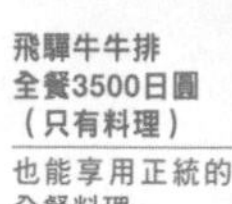

飛驒牛牛排
全餐3500日圓
（只有料理）
也能享用正統的全餐料理

たら福

‖居酒屋‖たらふく

可以在古民宅改建的溫暖氣氛中，品嘗與葡萄酒極為搭配的料理。店裡有大小各種日式暖桌座位的包廂，能讓人放鬆不受干擾之外，還備有充滿開放感的吧台座位。除了單點的菜色，另有多種全餐料理可供選擇。

☎052-566-5600
中村区名駅3-17-26
17:00～24:00 休週一 P無
JR名古屋站步行3分
MAP 別冊7B-3

視野極佳的二樓窗台座位相當有人氣

在質樸氣圍的古民宅裡享用種類豐富的炸串

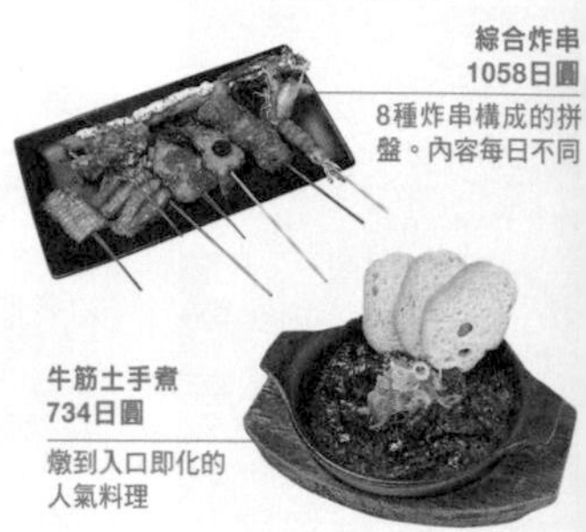

綜合炸串
1058日圓
8種炸串構成的拼盤。內容每日不同

牛筋土手煮
734日圓
燉到入口即化的人氣料理

咲串 おかげ屋

‖居酒屋‖ざっく おかげや

以超過50種的炸串，和重視高湯的關東煮聞名。葡萄酒的種類豐富，搭配享用的菜色也一樣豐富。改裝自古民宅的的店內，還設有可以輕鬆用餐的半包廂。

☎052-586-3383
中村区名駅3-18-23
17:30～翌1:00
休第1週日 P無 JR名古屋站步行7分
MAP 別冊7C-3

質樸而有著溫潤感受的建築

遺留著昭和氣息的町家通

原本有許多間商店和錢湯，是當地人們生活據點的「名駅三丁目」，如今這裡的老房屋幾乎都改建成為餐飲店繼續營業。

在風雅的古民家享受時髦的名古屋在地美食

燉牛筋
580日圓
味噌燉煮的牛筋搭配法國麵包

綜合味噌關東煮
580日圓
五種的關東煮每日更換輪番上陣

和志かぶと屋

‖居酒屋‖わごころかぶとや

除了有味噌鍋、炸串和炸雞翅等招牌的名古屋在地美食之外，從富山縣新湊直送的鮮魚料理也相當有人氣。充滿木質溫暖的懷舊店內，在開放式廚房的吧台上排放許多手工製作的小菜，是一間充滿活力的餐館。

☎052-583-2818
中村区名駅3-17-25
17:00～翌5:00(週日、假日～24:00)
休 無休 P 無 JR名古屋站步行5分 MAP 別冊7B-3

散發昭和懷舊氛圍的店門口

在町家餐館品嘗蕎麥麵和清酒的絕佳組合

小菜
360日圓～
擺放各種以當季食材精心烹煮的小菜

前・蒸籠
600日圓
後・田舍蒸籠
630日圓
可依喜好選擇的蕎麥麵最適合做完美的句點

猪口猪口

‖蕎麥麵、居酒屋‖ちょこちょこ

在名古屋極為少見專賣"美味的蕎麥麵和清酒"的町家餐館。需脫鞋進入的店內，1F是日式暖桌吧台座位與和式座位區，2F則是餐桌的座位席。以蕎麥麵為主的午餐也相當具有人氣。

☎052-533-3003
中村区名駅3-26-1
11:30～14:00、17:00～23:30
休 不定休 P 無 JR名古屋站步行5分
MAP 別冊7B-3

從隔窗拉門透射進來的街燈

在使用木頭打造的和式空間裡盡情享用鐵板料理

月見山藥泥的大阪燒
790日圓
綿密濃稠的口感是人氣的招牌料理

綜合生魚片
990日圓～
每日挑選4種的當季海鮮

鉄板料理・和食 銑

‖創作料理‖てっぱんりょうり・わしょくずく

販售大阪燒和豚平燒等鐵板料理的專賣店，好吃的秘訣就在用心熬煮的醬汁。同時店裡本格燒酎的酒藏也相當豐富。以長屋改建而成、大量使用木頭打造的和風店內，備有吧台座位和日式暖桌座位，可以在此放鬆心情盡情享用。

☎052-581-1917
中村区名駅3-17-24 17:30～翌1:00，週五、六、假日前日～翌4:00
休 無休 P 無 JR名古屋站步行35分
MAP 別冊7B-3

以古民宅的長屋改建，別具風情的餐館

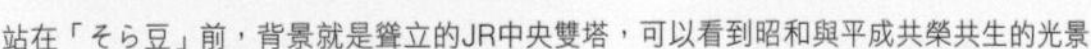

站在「そら豆」前，背景就是聳立的JR中央雙塔，可以看到昭和與平成共榮共生的光景。

無論晴天下雨散步都OK♪ 持續進化的榮街區導覽

代表名古屋大都會的榮當中有許多好玩的地方。
除了傳遞流行訊息的百貨和購物商場之外，
不妨也先掌握存在感十足的三大遊玩景點吧。

百貨&購物商場

a 也有許多名古屋唯一的品牌
LACHIC ラシック P.76

b 日本最大賣場面積的百貨老鋪
松坂屋名古屋店 P.77
まつざかやなごやてん

c 集結精緻的成熟大人店鋪
名古屋三越 榮店
なごやみつこしさかえてん

著重時尚感，並時常用心挑選高品質的商品打造優雅的購物環境。在地下商場每週舉辦的各種活動也備受好評。

位在榮的中心位置，如地標般的存在

☎052-252-1111
中区栄3-5-1 10:00～20:00 休不定休 P簽約停車場 地下鐵東山線、名城線榮站即到 MAP別冊10D-1

d 無論少女或熟女都能盡情購物

丸榮 まるえい

以集合10幾歲～20幾歲為主的人氣品牌的少女樓層，和成熟女性們的仕女樓層為中心，商品豐富種類齊全。夏季限定的啤酒花園也同樣深受好評。

以布莊起家的流行老鋪

☎052-264-1211
中区栄3-3-1 10:00～19:00(B2～3F～20:00)
休不定休 P有特約P 地下鐵東山線、名城線榮站即到
MAP別冊11C-1

e 藝文活動也相當充實的流行發信地
名古屋PARCO なごやパルコ

由2015年春季落成的新館，和西館、東館、南館等4館構成，提供流行時尚和雜貨等最火熱的商品。電影院、書店和Live House等藝文空間也相當具有人氣。

4館相加約有350間店鋪，充滿活力的館內

☎052-264-8111 中区栄3-29-1 10:00～21:00(西館7、8F餐廳11:00～22:30，部分視店鋪而異) 休不定休 P有 地下鐵名城線矢場町站即到 MAP別冊10D-3

f 集結各家高品味的商店

CREARE クレアーレ

位在NADYA PARK內的購物商場。內有X-girl等極具個性的流行品牌，甚至還有名古屋最大的戶外休閒用品區，是許多高品味年輕人愛聚集的地方。

也有東海地方唯一的商店

☎052-265-2108
中区栄3-18-1 NADYA PARKデザインセンタービルB1～3F 11:00～20:00 休不定休 P有 地下鐵名城線矢場町站即到 MAP別冊11C-2

1 時髦的名古屋地標！

名古屋電視塔 なごやテレビとう

從以前就被愛戴至今的日本第一座集約電波塔，目前已成為日本的國家級有形文化財，配合啟用60周年而全新改用LED照明。是名古屋著名的地標。

☎052-971-8546
中区錦3-6-15先 ⏲10:00～21:40（1～3月～20:40）※有可能變動 休無休（餐廳視店鋪而異）¥免費（室內和室外觀景台入場卷700日圓）P無 地下鐵東山線、名城線榮站步行5分 MAP別冊8D-4

從觀景台眺望的名古屋街景令人感動

重要的資訊基地！

名古屋電視塔使用在提供手機使用的媒體「NOTTV」播放等，仍然持續著資訊基地的功能。此外，舉辦活動和名古屋的夜景景點等功能也備受矚目。

久屋大通站直通！

ANNEX アネックス

5樓到9樓的東急HANDS，以及販售生活雜貨的商店極為多元。

☎052-953-2800
中区錦3-5-4 MAP別冊8D-3

三大地標

2 在都心閃耀水光和綠意的寶箱

綠洲21 オアシス21

有水流動的玻璃大屋頂「水的宇宙飛船」是標誌性建築，還可以享受空中散步的滋味。是座擁有充滿綠意的滋潤「綠之大地」和約30家商店進駐「銀河廣場」的複合式設施。

近未來般的超現實大片玻璃建築相當獨特

☎052-962-1011 東区東桜1-11-1 ⏲10:00～22:00（購物商店～21:00、服務性店家～20:00、視店鋪而異）休無休（商店在1月1日、2月、9月時有臨時停業）P無 地下鐵東山線、名城線榮站即到 MAP別冊8E-4

在這裡小歇片刻

大片綠意環繞並設有長椅的中央公園，無論散步或是休憩都很合適♪

3 充滿歡樂的娛樂空間

SUNSHINE SAKAE サンシャインサカエ

透明摩天輪「Sky-Boat」相當醒目。是座有著多樣性餐飲店和流行服飾等店家進駐的娛樂大樓。SKE48的演出和館內活動等也千萬別錯過。

摩天輪到了晚上便會亮燈，閃閃發亮

☎052-310-2211 中区錦3-24-4 ⏲8:00～翌5:00（視店鋪和星期而異）休不定休 P有 地下鐵東山線、名城線榮站即到 MAP別冊10D-1

下雨天也沒問題！

就走地下街吧♪

位在地下鐵榮站和久屋大通之間的中央公園地下街，女生的流行商品相當充實。而在榮的地下街，也有流行商品、雜貨和美食等100間以上的店家進駐。

地下的主要街道「サカエチカ」

中央公園地下街

榮站地下的主要街道「サカエチカ」，連結著三越、丸榮和SKYLE等購物商場，十分便利。

榮當中備受喜愛的流行商場&值得信賴的老鋪百貨

不斷提供最新流行獨家資訊的購物商場LACHIC，
以及百年以上的老鋪百貨、松坂屋名古屋店。
體驗各自個性的同時，盡情享受血拼的樂趣吧♪

發掘自我個性 豐富的流行尖端商品 LACHIC

||榮||ラシック

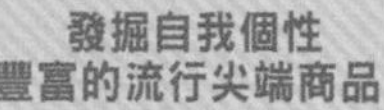

名古屋唯一的品牌等，這些引領潮流、散發獨特光芒的高品味商店林立。從1F到3F的挑高式空間也相當具有魅力。

☎052-259-6666
中区栄3-6-1 11:00～21:00(7・8F～23:00) 休 不定休 P 有
地下鐵東山線、名城線榮站步行3分 MAP 別冊10D-2

Fashion

不只有女生的衣服，連男士的服裝也有販售

外型簡約穿搭方便的MACKINTOSH大衣

提供成熟大人的基本風格

3F héliopôle エリオポール

販售歐洲的進口品牌和自營商品，各種不退流行的服飾種類豐富。推薦給想和別人展現不同個性風格的人。
☎052-262-9022

提供富有女人味的裝扮

3F Spick and Span/Noble

スピック&スパン／ノーブル

交織在世界各國精選的舶來品中，向女性發出感受"現今"的女性感觀日常裝扮提案。齊全的職業婦女備貨也是受歡迎的原因。
☎052-259-6409

以自營商品和進口商品為主

Goods

代表Marimekko的UNIKKO花紋馬克杯2700日圓，棉布小錢包3780日圓。顏色也很豐富

設計大膽的生活用品

4F Marimekko マリメッコ

1951年創業以來備受全球愛戴的芬蘭生活用品品牌。除了有設計大膽兼具個性的雜貨之外，甚至還有販售服裝和家具。
☎052-238-1038

嶄新漂亮的設計非常有味道，也因此粉絲眾多

Foods

最適合拿來做禮物的乳酪蛋糕

B1F PINÈDE ピネード

乳酪蛋糕6個裝1110日圓～

本店位在三重縣津市的甜點禮品店。招牌商品是，原味、黑七味、蘭姆葡萄、巧克力等各種風味都有的乳酪蛋糕（1個185日圓～）。
☎052-259-6296

擺滿了乳酪蛋糕和各種糕點

LACHIC的7、8F除了有「矢場とん」和「まるは食堂」等當地知名的人氣餐廳之外，另有各種多元的飲食店進駐。建議不知道該吃點什麼的時候可以來這裡喔。

2013年，地下食品樓層重新盛大開幕。全國或是名古屋新登場的甜品、小菜和超市等店鋪林立。包含全新陣容的54個品牌共計有153間商店進駐，是名古屋地區最大的食品樓層。

日本最大的賣場面積 深具信賴感的老鋪
松坂屋名古屋店

‖矢場町‖まつざかやなごやてん

本館是從大正14（1925）年開始營業，歷史悠久的老字號百貨公司。2015年春季開始進行大規模的改裝，預定在2016年春季完成。

☎052-251-1111

中区栄3-16-1 10:00～19:30(本館B2F～3F、南館B2F～4F、北館1F～20:00。美食街各有所異) 休 不定休 P 有特約P 地下鐵名城線矢場町站即到 MAP 別冊10D-2・3

Fashion

也有來自N.Y、L.A、德國、西班牙和法國的精選商品

事業有成女性的高級成衣

南館1F STUNNING LURE

スタニングルアー

能夠將個人特色極大化的高級成衣與搭配提案。由富有女性感覺而具流行感的自製品項，到迷人而風格鮮明的進口服飾等種類多元。

☎052-264-2513

利用混搭展現現在的心情

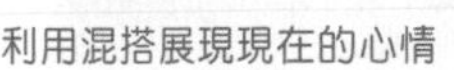

南館1F Sov. DOUBLE STANDARD CLOTHING

ゾブ ダブルスタンダードクロージング

摩登與古典、休閒與性感，這類衝突元素相互混搭正是DOUBLE STANDARD的自我潮流。另有頂級的精品販售。

☎052-264-2472

東海地方唯一的"Sov"店鋪

以花草為創作靈感的獨創印花洋裝、混麻外套

Goods

充滿玫瑰香氛的漾采卸妝乳 200ml 5076日圓

玫瑰活膚露 100ml 4860日圓。奢侈地運用8000枚玫瑰花瓣濃縮萃取而成的保溼化妝水。

自然のパワーでスキンケア

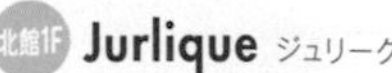

北館1F Jurlique ジュリーク

「Jurlique（茱莉蔻）」是1985年在澳洲誕生的品牌。 廣大的自營有機農場，孕育出充滿生命力的植物。藉由這些天然的力量，為女性打造更完美的膚質。 ☎052-262-0220

Foods

左起，希臘產百里香125g2484日圓、法國產薰衣草125g1836日圓、紐西蘭產麥蘆卡UMF20 250g12528日圓

遇見全世界的蜂蜜

本館B2F はちみつ専門店 ラベイユ

はちみつせんもんてんラベイユ

販售來自全球9國、60種以上蜂蜜的專門店。都是實際前往當地，見到生產人而且是只進貨自己能接受的蜂蜜。可以試吃找到自己喜歡的風味。 ☎052-264-3696

榮的精品店&路面商店也很充實

除了有聳立在大津通上的百貨和購物商場之外，
在榮的四周還有許多精品店和各品牌的路面商店林立。
從女人味到個性派，一定能找到喜歡的店鋪。

1可以找到許多適合輕熟女的單品（chad）
2就來縫製一件世界上獨一無二的褲子吧（CECILIA）
3也有許多髮飾等流行小物（MIDWEST）
4簡約中又有著相當玩心的男性品項也多（pelican）
5能享受成熟女性自我流行的店鋪（fleur）

1 充滿玩心和童話故事的商品們

chad

‖矢場町‖チャド

除了有一色紗英所經營的「archi」之外，另外還有「Fad3」和「kitica」等，這些不盲目追隨流行、散發獨自個性的精選商品。店裡並販售兒童服飾，可以嘗試搭配親子裝。

☎052-238-1788
中区栄3-35-16 山田ビル1F 11:00～20:00 休無休 P無 地下鐵名城線矢場町站步行5分 MAP別冊11C-3

「archi」連身裙32400日圓、尼泊爾製的手工項鍊9720日圓

設計獨特的「CHIE MIHARA」。大眼、臉模樣的高跟鞋48600日圓

集合成熟女性喜愛的國內外品牌。新商品每月進貨

名古屋ZERO GATE開幕！

2014年10月時，榮區域裡全新的商業設施「名古屋ZERO GATE」開幕。店內有3個樓層，有LA的FOREVER 21和愛知縣首家分店的AMERICAN EAGLE OUTFITTERS、SUPER SPORTS XEBIO等5家店鋪設店，備受矚目。

2 每一件都是仔細縫製讓人愛不釋手的洋服們

CECILIA

‖久屋大通‖セシリア

幾乎全部的商品都是獨一無二，內裡、口袋或是釦子等細節都透漏著童心。店內盡是任誰都能輕鬆搭配、展現出自我的個性，絕對會長年愛用的服飾。

「Zuka pubbe」的手工帽可以兩面穿戴，營造大人的水手風

極富個性的5分褲15984日圓。+2160日圓～可以選擇自己喜歡的布料製作

☎052-971-2510
中区丸の内3-22-10
12:00～19:30
休 週三、日 P 無 地下鐵名城線、櫻通線久屋大通站步行5分
MAP 別冊9C-3

襯衫或是褲子等全部的服飾都能接受客製

4 尋求以好穿為重點的最佳衣服

pelican

‖榮‖ペリカン

想找到布料感和穿著舒適為重點的自然居家服，則這家是首選。簡約中不忘帶有女性柔和感的款式，絕對可以找到愈穿愈喜歡的衣服。

男女裝都顏色尺碼齊全的針織衫10800日圓

都是使用穿著觸感極佳布料做成

☎052-264-7338
中区栄3-32-7
11:00～20:00
休 無休 P 無 地下鐵名城線矢場町站即到
MAP 別冊10D-3

3 名古屋精品店的先驅般的存在

MIDWEST

‖榮‖ミッドウエスト

除了有Directors Label的「603」系列之外，還網羅國內外各精銳設計師的品牌。從時髦潮衣到日常服飾種類齊全，一定能在這裡發現「全新的自我個性」。

MID by MIDWEST的人氣款T型帶高跟鞋27000日圓（含稅）

簡約風格卻有著高雅質的寬版洋裝20520日圓（含稅）

☎052-953-1872
中区錦3-17-11
11:00～20:00
休 無休 P 無 地下鐵東山線、名城線榮站即到 MAP 別冊10D-1

1F是仕女館，2～3F則是販售男士用的商品。4F甚至設有「THE MIDWEST CAFÉ」（P.28）

5 來逛逛只有名古屋才有的品牌

fleur

‖榮‖フルール

以成熟女性為對象，精選在東京服裝發表會、或是紐約服裝發表會登場的熱門品牌。名古屋唯一一處銷售「THEATRE PRODUCTS」和「ENSOR CIVET」等的商品也同樣受到注目。

「THEATRE PRODUCTS」碎花夾克39900日圓。彈性素材的短版造型是設計的重點

木底鞋跟相當令人印象深刻的「dubuy」German Trainer鞋款39900日圓

☎052-249-4411
中区栄3-25-27
12:00～20:00 休 無休
P 無 地下鐵名城線矢場町站步行5分
MAP 別冊11C-3

店內充滿木頭特有的溫暖自然氛圍

CECILIA的訂製褲16590日圓～。除了布料之外，口袋等內裡、車線和拉鍊的顏色、褲腳滾邊，甚至是手工的皮革標示都能選擇。

通往時髦生活的捷徑
榮，雜貨巡禮 MAP

有許多個性派的雜貨店鋪分布在榮地區。
從歐洲雜貨到獨創商品、甚至是二手翻新家具，
在在都反映出店主獨到的眼光。

1 SEANT セアン
歐洲的文具等 讓人長年愛用的寶貝們

歐洲的文具用品、雜貨和亞麻布等，從國內外網羅各種能讓人永久珍愛的物品。二手包和簡單的服飾等流行商品也很齊全。

☎052-261-4453
⌂中区栄3-34-41
⏲11:00～20:00
休 不定休 P 無
🚉 地下鐵名城線矢場町站步行5分
MAP 別冊11C-3

←リブレット獨家商品
文學信紙 各367日圓

→貓的書籤486日圓
※書本是示意

↓可愛的小花花紋讓人印象深刻。白山陶器的飯碗972日圓和杯子864日圓

2 ザ·リブレット栄店
ザ·リブレットさかえてん
紅色的書架引人目光 雜貨也充實的書店

位於榮地下街的書店，由雜誌和新書，到精選書籍堆滿書架。文具和便利貼等紙製小物為主的雜貨種類也多，最適合作為小小的伴手禮。

☎052-963-5500
⌂中区錦3-16-10 栄 森の地下街 ⏲9:00～21:30(週日、假日為10:00～20:30)
休 無休 P 無 🚉 地下鐵東山線、名城線榮站即到
MAP 別冊10D-1

↑充滿個性的設計。英國Hornsea社杯盤組2900日圓

3 COMPASS コンパス
新旧問わず集めたとっておきの品々

除了從歐洲古董市場收集的歐洲古董或是庫存的餐具之外，同時還有古著和名牌服飾販賣。店內陳列著依照店主品味精選的優良商品，每一件相當具有存在感。

☎052-253-5617
⌂中区栄3-22-16
⏲12:00～19:00 休 週三
P 無 🚉 地下鐵名城線矢場町站步行5分
MAP 別冊11C-3

店面是清爽的藍白色調
匯集各種能長久使用的物品
還提供有著良好木質感的文具
在榮站附近，交通方便也極具吸

※刊登商品有時會因售罄，或是換季而有所更動（圖片僅供參考）

書籍和雜貨共居一室是特徵　陳列著燈飾和文具等商品　Ach'e de COMPLEX BIZ有著沉穩的氛圍　quatre saisions也有販售食器

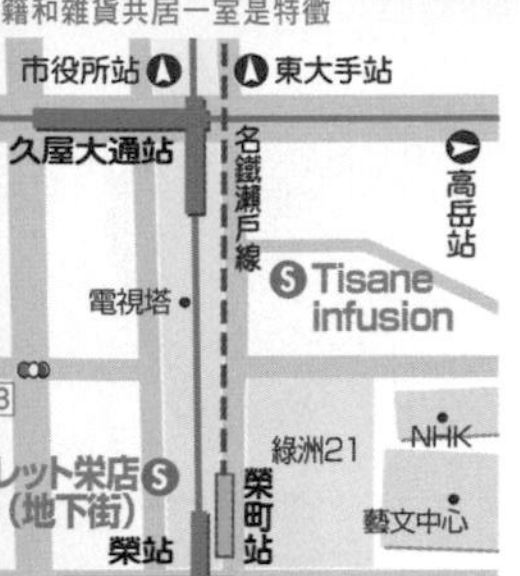

4 Ach'e de COMPLEX BIZ
アチェデコンプレックスビズ

精致美麗的大人飾品

以珠寶的Ach'e和髮飾品的COMPLEX BIZ二大品牌為主。除了備有更加提升女性溫柔感的高雅雜貨之外，還有名古屋只有這裡能買到的眾多品牌和品項商品。

☎0120-480-955
住中区栄8-7-13 ヴィラ白川1F 時11:00～19:00 休週三 P無 地下鐵東山線、名城線榮站步行5分
MAP別冊11B-2

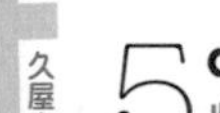

↑COMPLEX BIZ的髮飾（5400日圓～）使用的是有著高雅光澤的施華洛世奇（R）水晶

5 quatre saisons キャトル・セゾン

將天然素材的雜貨融入日常的生活

亞麻廚房巾、手帕和柳條編織籃等，天然素材的雜貨豐富。另外以法文為圖案的杯盤等廚房用品也相當可愛。

☎052-264-2985
住中区栄3-16-1 松坂屋名古屋店北館1F 時10:00～20:00 休不定休（以松坂屋名古屋店為準）P有
地下鐵名城線矢場町站即到 MAP別冊10D-2

←印著古老菜單的杯盤組（一組）1458日圓、茶壺2376日圓

6 MOMO natural モモ ナチュラル

以自家商品提供全方位的演出

在Simple&Natural概念下設計出來的各種天然木家具，愈用愈富魅力。家具之外還有沙發、窗簾和雜貨等，可以做整體設計最富魅力。

☎052-259-6550
住中区栄3-6-1 LACHIC6F 時11:00～21:00 休不定休
P有 從地下鐵東山線、名城線榮站步行3分
MAP別冊10D-2

→樸實風格的竹籃1944日圓

二手服飾或是新品都一同在架上

很有女人味的各色飾品　匯集各種以巴黎生活為主題的商品　「Simple & Natural」的風格

リブレット在LACHIC（P.76）內也有姊妹店。可以享受每家店的不同品項。

逛街的空檔
就在榮的咖啡廳稍作休息

若是到榮的街道逛街，最好先知道幾間人氣的咖啡廳。
大街附近的區域，集合了美味的咖啡廳美食、甜點
和舒服的背景音樂等，就在慵懶放鬆的空間內稍作休息吧。

1 ■從2F大窗戶看出去的綠意讓身心都獲得療癒 ■1F也有販售雜貨 ■炸雞天婦羅午餐900日圓 ■香蕉核桃塔518日圓

2 ■店鋪旁的走廊盡頭有電梯直通咖啡廳
■焗烤茄子盤1080日圓
■陽光從大片落地窗灑入店內。另有沙發座位

3 ■當日店內製作的乳酪蛋糕450日圓。同時淋上每日更換例如櫻桃等不同的沾醬
■一個人也能放鬆的店內。品嘗分量滿點的午餐和輕食稍作休息

1

sora cafe

‖矢場町‖ソラカフェ

有三種三明治和自家釀造的水果酒等多種養生料理。每隔一段期間在三樓屋頂空間舉辦的展覽也相當有趣。

☎052-262-0195
⌂中區栄3-22-16
🕒11:30～22:00
休無休 P無 地下鐵名城線矢場町站步行5分 MAP別冊11C-3

2

THE MIDWEST CAFE

‖榮‖ザミッドウエストカフェ

位在人氣精品店MIDWEST 4F的咖啡廳。店內從窗外透進的光線、純白的牆壁和一塵不染的原木地板，在在都呈現出清新自然的氣息。

☎052-953-1055 ⌂中區錦3-17-11 4F
🕒11:30～20:30(週六11:00～，週日、假日11:00～20:00) 休無休 P無
地下鐵東山線、名城線榮站即到
MAP別冊10D-1

3

rôti café

‖榮‖ロティカフェ

位在小巷弄的大樓2F。咖啡廳小巧精緻，彷彿像是在自己家一般輕鬆。店主親自挑選的古董家具讓人倍感溫馨。

☎052-972-0089
⌂東区東桜1-8-19 三信ビル2F
🕒11:30～20:00 休週二 P無
地下鐵東山線、名城線榮站步行5分
MAP別冊8E-4

榮當中集結了許多優質的咖啡廳

榮的附近周邊，有許多在裝潢、用餐、飲料和音樂等全部都屬高水準的咖啡廳。不妨到各店轉轉，找尋自己喜愛的店家吧。

4 1在寬敞舒適的椅子和沙發上隨興而過 2擺設也很時尚

6 6位在2F，人氣店「CAFÉ FLOW」的姊妹店。如同身在酒吧般的氣氛讓人放鬆 7酪梨起司蛋糕518日圓、莓果奶油蛋糕486日圓

5 3香氣撲鼻的Harney & Sons的熱肉桂香草茶700日圓 4舒爽的光線射入的開放感店內 5自製果麥420日圓可作為伴手禮

4

猿cafe 栄店

‖矢場町‖さるカフェさかえてん

能觀賞DVD或是翻閱雜誌，要不就看看店內販售的雜貨商品，在這保證有趣絕不無聊。鐵板漢堡肉（1050日圓）等料理也有很多選擇。

☎052-241-0005
⌂中区栄3-35-17 2F
🕒11:00～23:00 休不定休 P無
🚉地下鐵名城線矢場町站步行5分
MAP別冊11C-3

5

Hashelle Cafe

‖榮‖ハッシェルカフェ

提供紐約式的早餐，鬆餅和班尼迪克蛋等的菜色一大早就能享用。紐約買的雜貨和內裝等店內的裝飾也值得觀賞。

☎052-252-5189
⌂中区栄4-12-22 第6ビル和光3F
🕒8:00～16:30(週六、日為9:00～18:30)
休週二 P無 🚉地下鐵東山線、名城線榮站步行5分 MAP別冊10E-2

6

FLOW lounge

‖矢場町‖フローラウンジ

全店內用沙發營造出成熟大人的休憩空間。以「嶄新日本」為主題，能在此品嘗堅持使用國產的食物和飲料，還有糕點師傅製作的甜品。

☎052-238-3788
⌂中区栄3-20-27 名古屋ダイヤビル1F
🕒11:30～24:00(週五、六～翌3:00)
休無休 P無 🚉地下鐵名城線矢場町站步行8分 MAP別冊11C-2

有許多帶有成熟風格的咖啡廳，一到週末夜晚，夜貓子的名古屋姑娘們便會來這裡放鬆心情。

尋找能徹底放鬆的用品 來逛逛家具&雜貨shop

想讓自己在家的時間成為最舒服放鬆的時光。
若要追求這樣的家具和雜貨，不妨到名古屋的人氣店鋪逛逛。
就出發去尋找心目中萬中選一的商品吧。

Let's Relax♪

LINARI擴香組
各15120日圓

座位很深，相當實敞舒適

WINSLOW 1.5人座沙發
45萬3600日圓（布料另計）

並在2F設有咖啡廳（P.83）。能在此悠閒度過時間。

從世界各地嚴選多種
兼具設計感和機能性的商品

ザ・コンランショップ 名古屋店

‖矢場町‖ザ·コンランショップなごやてん

店內提供由全球精選的室內裝潢品項，和自製商品等能夠增加日常生活樂趣的具有功能性，而且設計優美的商品。為了迎接2015年10月的創業10周年，而在4月上旬新裝開幕。

☎052-241-6630
中区栄5-215 ⌚11:00～19:30
休 週三（逢假日則營業） P 有特約停車場
地下鐵名城線矢場町站即到
MAP 別冊10E-3

只能在這裡買到的
自家獨創商品多元多樣

KEYUCAメルサ栄店

‖榮‖ケユカ メルサさかえてん

功能性和設計感出色的各件商品，確保每天的生活能夠更加舒適。店內還有日本縫製的低廉訂製窗簾，和獨創設計的家具和餐具，以及講究用料的廚房雜貨等。

☎052-684-5751
中区栄3-4-5 メルサ栄本店3F
⌚10:00～20:00 休 不定休 P 有
地下鐵東山線、名城線榮站即到
MAP 別冊10D-1

以「Simple & Natural」為主題的店內

Let's Relax♪

精巧尺寸的可調式沙發

Torni
可調式沙發
57240日圓
小凳
22680日圓

刺槐系列 木碗
S928日圓&L2268日圓

Let's Relax♪

WYTHE
餐桌組
20萬5632日圓

顏色、形狀和布料等的長度都能選擇的客製地毯

獨創人造纖維地毯
（直徑150cm）41040日圓

可將家飾布置的範例
作為居家規劃時的參考

以舒適為主題
實現理想的生活

unico

‖榮‖ウニコ

善用素材本身的溫度，打造簡約又不失安心感的原創設計家具。店內並販售搭配家具風格的小物，提供顧客更愉快的日常生活。

☎052-251-2725
中区栄3-6-1 LACHIC6F
⌚11:00～21:00 休 不定休 P 有
地下鐵東山線、名城線榮站步行3分
MAP 別冊10D-2

「karimoku 60」是made in 愛知

「大須DECO」販賣的「karimoku 60」，是總公司在愛知縣東浦町「karimoku家具」的產品。原本是1940年創業的木頭工廠，直到1962年開始生產國產家具。當時製作的就是「K chair」。

除了北歐和德國之外 其他國外品牌的家具也很齊全

ACTUS 名古屋店

‖名駅‖アクタスなごやてん

無垢的木頭和色彩鮮豔的布織品等，店內展示各種著重於素材和傳統技法的國外品牌家具。有許多設計簡約、用心製作的高品質手工製品，純粹欣賞就樂趣十足。

☎052-533-6616
住 中村区名駅1-27-2 日本生命笹島ビル1F
時 11:00～19:00 休 不定休
P 無 交 JR名古屋站步行7分
MAP 別冊6B-5

顏色的搭配和擺設方式都能作為選擇時的參考

Let's Relax♪

抱枕套
各3990日圓～

沙發腳使用金屬材質營造出摩登的時尚感

流線型沙發262000日圓～
（依布料的種類和尺寸而有所不同）

Let's Relax♪

ADERIA60杯盤
組2376日圓

大眾化的設計到現在仍不退流行

karimoku60 K chair
一人座36720日圓

能實際觸摸
多種商品且選擇

大眾化的設計相當有人氣 「karimoku 60」的專賣店

大須DECO

‖大須‖おおすデコ

店家專門販售的「karimoku 60」，可以說是在愛知相當具有代表性的木製家具公司「karimoku 家具」的原點。陳列商品從永遠的經典沙發系列「K chair」到新作品範圍廣泛。

☎052-222-7788
住 中区大須2-11-3 スターハイツ2F
時 12:00～19:30
休 週三、四（逢假日則營業）P 無
交 地下鐵鶴舞線大須觀音站即到
MAP 別冊11B-4

以豐富心靈的生活為主題的 生活風格商店

REAL Style

‖東別院‖リアルスタイル

以大正時代末期的復古洋房改建而成的店鋪。除了有國內生產的原創家具之外，還用心陳列各種設計和機能皆充滿童玩之心的小物。同時在店內的一角也有花店經營。

☎052-323-6262
住 中区大井町1-41 時 11:00～19:30
休 週三（逢假日則營業） P 有
交 地下鐵名城線東別院站步行3分
MAP 別冊5B-3

不只有販售家具，空間規劃的委託也OK

Let's Try♪

以各務原的飛機製造技術打造的杜拉鋁材質 THE EDGE iPhone6日本製保護套27000日圓

K.hall designs
香薰組
各5184日圓

「ザ·コンランショップ名古屋店」的2F同時也設有咖啡廳。內用的食器都能購買。喜歡的話不妨試著向店員詢問。

在大須的二手服飾&二手店鋪享受平價又時尚的購物樂趣♪

大須地區有許多便宜又時髦的二手服飾店集中。
無論是從歐洲或亞洲進口的二手服飾還是化妝包，
這些目不暇給的商品都能為平日穿著增添個性。

1 60's～70's的流行古董服飾和雜貨

↑陳列著1960～70年代設計的商品
←原創洋裝，紅藍黃三原色12800日圓（左）、Mondrian 13800日圓（右）

3 利用古董單品打造與眾不同的時髦感

←籐籃包14490日圓
↓古董裙20790日圓

↓在店內找尋獨一無二的商品趣味無窮

1 THE OTHER

ジアザー

匯集美國、英國和法國等地的二手服飾和雜貨，並販售調性合適的新品。合理的價錢也深受好評。

☎052-269-3113
中区大須3-42-6 播磨ビル1F 12:00～19:30（週日、假日11:30～）休 第2、3週二、週三 P 無 地下鐵名城線、鶴舞線上前津站步行5分 MAP 別冊5B-3

2 KOMEHYO

コメヒョウ

由7層樓的本館等3座館構成，是販售新品和二手用品的購物中心。從珠寶、手錶、包包、服飾、和服、相機到樂器等，網羅各色商品種類齊全。

☎052-242-0088
中区大須3-25-31(本館) 10:30～19:30 休 週三 P 有特約P 地下鐵鶴舞線大須觀音站步行5分 MAP 別冊11B-4

3 Tao Vintage

タオヴィンテージ

店內陳列著從美國購回的1940～1970年代為中心的優質古董商品。同時這裡的小物飾品也相當豐富，可以搭配出與眾不同的流行風格。

☎052-252-7815
中区大須3-34-9 丸福ビル1F 11:00～20:00 休 無休 P 無 地下鐵名城線、鶴舞線上前津站步行3分 MAP 別冊5B-3

匯集各種夢幻名牌 大須的地標

↑在2F的相機・樂器館陳列著各式吉他

↑匯集各種名牌商品的本館一角

↑LV Monogram Tivoli PM（上、中古商品）、卡地亞心形墜飾鎖鏈（右、中古商品）

類比派？數位派？

雖然大須商店街的古著店和懷舊的雜貨店給人強烈的印象，但其實新天地通與赤門通一帶有不少家電行以及電腦專賣店。建議不妨可以配合需求到各街道逛逛。

←復古洋裝
8900日圓

4 便宜又可愛的商品陣容

↑紅白格紋摺裙
2500日圓

↑擺滿了富有個性的洋裝和飾品

↑刺繡上衣3900日圓
→正因為是二手服飾能嘗試的可愛商品也很豐富

5 3900日圓即可入手漂亮＆正式

4 FULL FILL

フルフィル

由美國和歐洲、日本等地進的商品中，有4成是二手衣、6成是新衣。搭配衣服的帽子、包包、鞋子等也貨色齊全。

☎052-219-7211
⌂中区大須2-16-12平凡荘202 ⓛ11:00～19:30 休週三(逢假日則營業) P無
🚉地下鐵鶴舞線大須觀音站步行7分
MAP別冊11B-4

5 anemone bouquet

アネモネブーケ

這些來自亞洲和加拿大相當有女人味的二手服飾幾乎都是統一價3900日圓。另外店家也會每月進貨一次絲質的洋裝。

☎052-263-3365
⌂中区大須3-42-4
ⓛ11:30～20:00 休無休 P無 🚉地下鐵名城線、鶴舞線上前津站步行3分
MAP別冊5B-3

6 ジムノペディア

這間精品店販售從歐洲採購的服飾和雜貨。同時二手商品也很豐富，除了門市擺放的商品之外，另有不少庫存品，因此不妨試著向店家詢問。

☎052-252-0525
⌂中区大須3-28-24 ⓛ11:00～20:00
休無休 P無 🚉地下鐵名城線、鶴舞線上前津站步行5分
MAP別冊5B-3

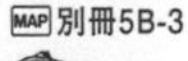

←剪裁漂亮的絲緞洋裝等服飾10000日圓有找

←Chloé連身裙29800日圓、古董項鍊6900日圓、義大利製項鍊8900日圓

6 擺滿歐洲風味的當季商品

←店內陳列著各種價格合理的進口商品

不妨稍微走遠一些，到商店街的小巷弄逛逛，一定可以遇見懷舊的風景。

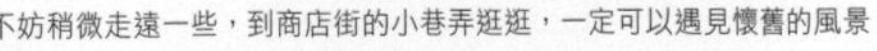

東吃西吃都想吃 在大須享用人氣點心

從古老滋味到新菜色，都令人感到放鬆和幸福，
大須的小巷弄裡集結了眾所矚目的美味。
下町散步時看到了自己喜歡的點心時，就停下來小憩片刻吧。

1 懷念的手烤御手洗糰子

御手洗糰子…90日圓
可以吃上好幾串，
甘甜的醬汁超絕妙

↑昔懷舊的氛圍和商店街極為搭配
←帶走散步時的疲倦，御手洗糰子，90日圓

2 酥脆微辣 口齒留香！

台灣鹹酥雞…500日圓
油炸得酥脆多汁。另有甜辣醬炸雞塊（500日圓）

店鋪前李桑的人物插畫相當醒目

3 華麗加上歡呼 韓國刨冰

韓國水果刨冰…680日圓
在刨冰上擺放了冰淇淋和水果、豆沙和韓國麻糬等配料

韓國常看到的咖啡廳。日本的第1家分店

1 新雀本店
しんすずめほんてん

總是會不小心被店門前烤得香氣四溢的糰子吸引過去。這是一間一到週末就大排長龍的人氣店家。店內有醬油和黃豆粉兩種口味。

☎052-221-7010
中区大須2-30-12 13:00～19:00
休 不定休 P 無 地下鐵鶴舞線大須觀音站步行5分
MAP 別冊5B-3

2 李さんの台湾名物屋台本店
りーさんのたいわんめいぶつやたいほんてん

以店主李先生特製的粉油炸而成的鹹酥雞，表面酥脆帶有微辣。珍珠奶茶（360日圓）也很有人氣。在第一アメ横ビル旁設有2號店。

☎052-251-8992
中区大須3-35-10 12:00～20:00（週六、日、假日11:00～）休 週三 P 無
地下鐵名城線、鶴舞線上前津站步行4分 MAP 別冊5B-3

3 CANMORE
キャンモア

可以吃到特色是多種配料的韓國刨冰。清冰加上大量的配料，再加上特製淋醬後攪拌均勻的韓國吃法享用吧。

☎052-262-5517
中区大須3-26-21 9:30～20:00（週六、日、假日為10:00～）休 不定休 P 無
地下鐵名城線、鶴舞線上前津站步行3分 MAP 別冊5B-3

門前町通
赤門通
裏門前町通
大津通
大須公園
ロコバーガー
CANMORE
納屋橋饅頭万松庵
大須万松寺通店
万松寺通
東仁王門通
新雀本店
李さんの
台湾名物屋台本店
七福堂
大須観音駅
大須通
地下鉄鶴舞線
上前津駅

位在仁王門通，是一處稍作休息的好地方

4 滑嫩搗麻糬 是得意之作的甘味處

せんざい…570日圓
白玉宇治金時…640日圓
使用十勝產的小豆，特色是帶有淡淡的甘甜
※刨冰只在5～10月中旬提供

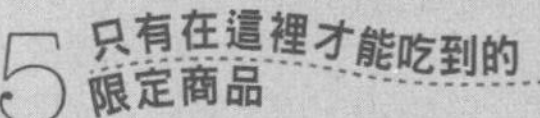

5 只有在這裡才能吃到的 限定商品

揚げまん棒…150日圓
將納屋橋饅頭裹上甜甜圈的外皮油炸，是一款口感鬆軟的點心

獨具風格的看板能感受到歷史的痕跡

※圖片僅供參考

ロゴバーガー…580日圓
加入蔬菜、培根甚至是牛蒡絲的100%牛肉漢堡

6 震撼力十足的 夏威夷風漢堡

散發著南國風情的熱鬧小店

4 七福堂

しちふくどう

從紅豆餡蜜的糖蜜、寒天到白玉等全部的食材都是店家自製。看板上也有刊登這裡的自信商品麻糬也是親自搗米製成，滑嫩的口感相當美味。

☎052-241-5286
⌂中区大須3-41-7
🕒11:30～18:45 休 週二 P 無
🚉 地下鐵名城線、鶴舞線上前津站步行5分
MAP 別冊5B-3

5 納屋橋饅頭万松庵 大須万松寺通店

なやばしまんじゅうばんしょうあん おおすばんしょうじどおりてん

香氣四溢的甜甜圈外皮搭配上甘甜豆沙餡組合成的揚げまん棒（炸饅頭）。淡淡的香甜和熱茶堪稱絕配。也很推薦在店內悠閒享用。

☎052-241-1662
⌂中区大須3-27-24
🕒10:00～19:00 休 無休
P 無 🚉 地下鐵名城線、鶴舞線上前津站步行5分 MAP 別冊5B-3

6 ロコバーガー

夏威夷風格的漢堡店。在米粉做成的麵包內豪邁地夾入大量食材。曾獲選為"全國在地漢堡"的味噌炸豬堡（580日圓）也相當受到歡迎。

☎052-203-8161
⌂中区大須2-17-35
🕒11:30～20:00 休 週三、不定休 P 無
🚉 地下鐵鶴舞線大須觀音站步行3分 MAP 別冊5B-3

天氣好的日子，不妨前往位在大須三丁目的大須公園。那裏可是大口吃大須食物的好地方喔。

在日常生活中增添自我個性 本山、東山公園的雜貨探訪

這個稍微遠離市街的區域，在質感派的女生當中相當有人氣。
佇立在街道上的雜貨店鋪，散發著店主獨特的個性。
而等待在這裡的，則是為人們增添色彩、讓生活更加美好的雅緻小物。

本山、東山公園是這樣的街道

本山以名古屋大學為首，集結了各大校區。本山車站附近有如年輕人的街道般流行商場林立。然而另一方面，也有不少隱密的雜貨店鋪和咖啡廳分散其中。而動物園所在的東山地區，則是一個擁有大片綠地環繞，各個年齡層聚集的地方。

1 遇見經得起時間考驗的用品們 sahan サハン

陳列著用心點綴日常生活食衣住的用品。職人親製的工具等，全是一些不僅賞心悅目，更能隨心所欲靈活運用，讓人深刻感受「用之美」意境的商品。

☎052-783-8200
千種区猫洞通3-21 KRAビル1F
11:00～19:00 休不定休 P有 地下鐵東山線、名城線本山站步行7分
MAP 別冊4E-2

水垣千悅設計的簡約飯碗。中2160日圓、小1944日圓

京都職人製作的麻竹筷907日圓、苦竹筷架432日圓

Robin's Patch

2 作品述說著手工的魅力 ハンドメイド雜貨店 てのり

ハンドメイドざっかてん てのり

小巧的店內陳列了粘土工藝、布製小物、陶器等作家製作的多種作品。隨時會舉辦的企劃展裡，可以買到按照展覽主題製作的作品。

☎090-7047-7740
千種区橋本町3-26 グランドール本山2F
12:30～18:30 休週一、二、三、四 P無
地下鐵東山線、名城線本山站步行2分
MAP 別冊4E-2

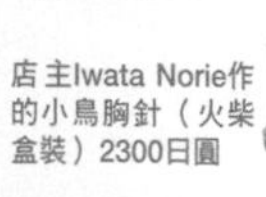

店主Iwata Norie作的小鳥胸針（火柴盒裝）2300日圓

3 想帶著旅遊心情前來造訪的東歐雜貨店 Robin' s Patch ロビンスパッチ

熱愛東歐各國文化的夫妻共同經營的小店。店主親自到捷克和德國等地旅行，從當地跳蚤市場或是二手店購回的商品，各個模樣樸實卻惹人憐愛。

☎052-734-3185
千種区稲舟通1-15-3
12:00～19:00
休週三 P無
地下鐵東山線、名城線本山站步行5分
MAP 別冊4E-3

1940年德國生產的小熊玩偶16800日圓

捷克兒童們的動物筆記本1本320日圓、筆194日圓

城山中學校

1 位在貓洞通的sahan　1 彷彿像是畫廊一般　2 手工製作的感覺非常吸引人（圖片為示意）　3 有如玩具箱的店內

並列著多間高雅的店鋪　綠意盎然的住宅區也相當有人氣　享受街頭散步的樂趣吧　6 期待內心雀躍的相遇

A自由ヶ丘站
S sahan
本山站
S ハンドメイド雜貨店 てのり
ON READING
地下鐵東山線
S シマウマ書房
S ハンドメイド雜貨店 てのり
東山公園站
地下鐵名城線
名古屋大學站
高針Jct

4 超越國界與年代，時髦＆珍奇的雜貨

HULOT graphiques ユログラフィック

古董和復刻的航空公司紀念品或是廣告品等，這些以歐洲商品為主的雜貨讓人目不暇給。原本從事繪圖設計師的店主，品味出眾眼光獨到。

☎052-751-0063
⌂千種区楠元町2-36 ⏲13:30～18:30 休週四、五，第2、3週六，並有臨時休業 P無 🚉地下鐵東山線、名城線本山站步行5分 MAP別冊4E-2

捷克的水玉圓點紙手提箱1638日圓

瑞士製的餐巾紙2枚168日圓

5 人與書的相遇媒介，舊書店

シマウマ書房 シマウマしょぼう

文學、大眾和寫真集等，不限範圍精心挑選經得起歲月考驗的優質書籍。另外，絕版商品或是手掌大的袖珍本、以及獨特韻味的「仙花紙書」等，稀奇珍貴的藏書也很豐富。

☎052-783-8150
⌂千種区四谷通1-22 ⏲11:00～17:00 休週二
P有 🚉地下鐵東山線、名城線本山站即到
MAP別冊4E-2

活躍於大正時代的畫家所繪製的版畫＆隨筆集「川上澄生全集」1本1500日圓。作品題材極為摩登新穎

也有時髦的精品書店

6 作品般的書籍和雜貨讓人心動

ON READING オンリーディング

以獨立出版物和自費出版等書籍為主的精品店。店內幾乎都是傳達強烈手作情感的商品，喜歡書籍的人千萬別錯過。雜貨的挑選也相當獨到。

☎052-789-0855
⌂千種区東山通5-19 カメダビル2A
⏲12:00～20:00 休週二
P無 🚉地下鐵東山線東山公園站即到 MAP別冊4F-3

可以發出小鳥啾啾叫聲的鳥笛1155日圓

以插畫繪出美國50州美麗州鳥的『Birds and Blooms of the 50 States』2520日圓

4 時髦的氛圍相當有趣　5 也會舉辦與書籍相關的活動　5 以古紙製成的「仙花紙本」　6 陳列著珍奇的雜貨和CD

「ON READING」的店後頭設有小型藝廊，舉辦攝影和繪畫等各種藝術家的作品展，有時甚至還有現場演奏♪

找尋屬於自己的那一間 探訪本山、東山公園的小咖啡廳

雜貨巡禮途中，欲順道造訪的是擁有豐富表情的精緻咖啡廳。從熱門的人氣店到佇立在小巷弄裡的私房咖啡廳，就在時間緩緩流逝的空間內，享受美味的料理和甜點吧。

宣揚巴黎的"美好"

也販售小可麗露

靜靜佇立在住宅區裡

在入口處乾燥中的香草

手工燒烤糕點

1 散發著法國香的精緻店家 café cosmonaute カフェコスモノート

以法國為主題，店主自己參與內裝的手作咖啡廳。在「將法國的美好事物傳達下去」心願下，除了提供甜點和鹹派之外，連東海地區咖啡廳內罕見的法國THE O DOR紅茶都喝得到。

☎052-977-8520
千種区楠元町2-63 1F　11:00～20:00　休 週一（逢假日、活動日則翌週二休）P 無　地下鐵東山線、名城線本山站步行3分　MAP 別冊4E-2

利用日本古木親自打造出彷如巴黎的空間

每天更換的法式鹹派午餐1300日圓（11時半～14時）。附THE O DOR紅茶和甜點

2 品嘗滋味豐富的花草茶放鬆身心 薬草labo.棘 やくそうラボとげ

使用有機蔬菜和無農藥香草，提供滋味豐富餐點和茶品的咖啡廳。擁有芳香療法師證照的店主人設計的菜色，道道都是營養豐富而令人心情沉靜。

☎052-880-7932
昭和区神村町2-59　11:00～18:00　休 週三（週四、日只提供芳香療法）P 有　地下鐵東山線、名城線本山站步行15分　MAP 別冊4E-3

將70年歷史的民宅改裝而成的店內有著沉穩的氛圍

薑汁糖漿的餡蜜450日圓、花草茶450日圓

散布各角落的私房咖啡廳

最近，本山車站北側貓洞通的小巷弄內，接二連三開了幾間相當隱密的私房小咖啡廳。這裡介紹的，都是能同時享受用餐和喝茶樂趣的店家，因此在探訪雜貨店的途中，不妨到處吃吃喝喝也不賴呢。

3 被木頭的溫暖圍繞的當季鹹派＆蛋糕、三明治

metsä メツァ

2014年2月新裝開幕，是提供季節法式鹹派、蛋糕和三明治的咖啡廳。除了可以享用到保留當令水果、蔬菜本身美味的菜色之外，還可以放鬆身心。

☎052-781-8004 ⌂千種区東山通5-19 カメダビル2F ⏲11:00～18:00 休週二、三不定休(逢假日則營業) P無 🚉地下鐵東山線、東山公園站即到 MAP別冊4F-3

水果塔480日圓。另有蛋糕飲料套餐

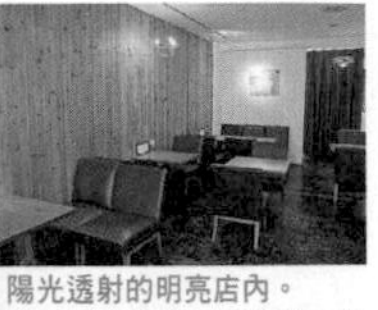

陽光透射的明亮店內。店名是芬蘭語的「森林」之意

散發店主的品味風格

4 小小馬芬店裡享受的寧靜時光

Muffine ladybug

マフィンレディバグ

不使用雞蛋、乳製品、白砂糖，而使用有機食材烤出有益身體馬芬的店。可以感受到蔬菜、水果和堅果等食材原有的味道。早餐和午餐務請光臨。

☎052-734-9819 ⌂千種区本山町4-74-1 小鳥ビル2F ⏲10:00～17:00 休週日、一 P無 🚉地下鐵東山線、名城線本山站步行7分 MAP別冊4E-2

寧靜的氛圍備感舒適

紅豆（右）、小米蘋果（左）各290日圓

幾乎全部的馬芬每月更換上架

內用只有4個座位

5 完美呈現蔬菜風味的私房咖哩屋

babooshka CURRY&CAFE

バブーシュカカリーアンドカフェ

這間咖哩店悄悄地佇立在住宅區的一棟古民宅內，由開朗的店主一個人負責張羅廚房內外。直接呈現蔬菜原本風味的個性派咖哩口感層次豐富，能品嘗到屬於每個季節的獨特好滋味。

☎052-782-1185 ⌂千種区鹿子町2-3-3 ⏲11:30～20:00 休週二、三 P有 🚉地下鐵東山線、名城線本山站即步行12分 MAP別冊4E-2

建造在坡道上的私房咖啡廳

牛蒡乾咖哩飯（附醬菜和南非國寶茶）1080日圓。咖哩有三種可選擇

塗上黃、綠、粉色的牆壁充滿時髦溫暖的感覺，讓身心放鬆

時髦的黃色牆壁

「metsä」的店內是由設計人氣雜貨店「sahan」（P.90）內裝的空間設計師設計而成。

前往成熟女性集中的高級地段星ヶ丘

以三越星ヶ丘店和星が丘Terrace為中心，
這一帶能看見許多時髦太太和女大學生在此進出。
建議成熟女性若是想要仔細發掘自己喜歡的物品可以前來星ヶ丘地區。

如同到星ヶ丘Terrace散步般逛逛小店和咖啡廳

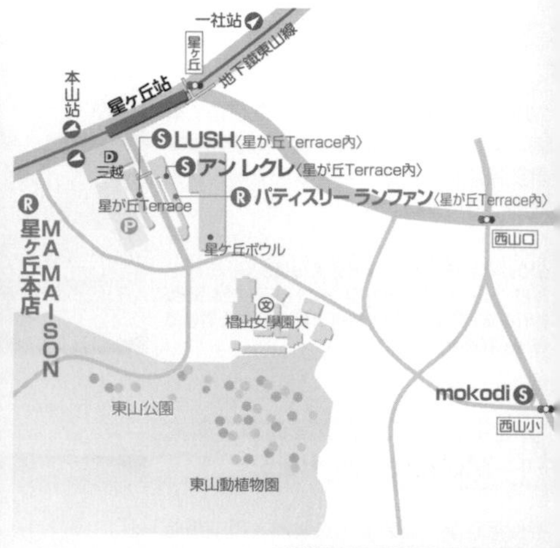

1充滿新鮮創意的蛋糕，也能外帶
2具有開放感的店內視野極佳

品嘗當季鮮果伴隨這慵懶的片刻
パティスリー ランファン

‖休閒餐廳‖

東京名店出身的糕點師傅，利用當季嚴選食材和水果製作的甜點，每一道都五彩繽紛讓人沉醉。超值的午間套餐和義大利麵等餐點的種類也很齊全。

☎052-783-0622
千種区星が丘元町16-50
星が丘Terrace EAST 4F
11:00～22:00 休無休
P有 地下鐵東山線星ヶ丘站即到
MAP別冊4F-3

1甘甜香氣而人氣No.1的「みつばちマーチ香皂」100g500日圓
2店內有著像是熟食店般的氛圍

滿是獨特的手工保養品
LUSH

‖美妝‖ラッシュ

以新鮮、手工、安全和愉快為理念，來自英國的新鮮手工保養品專賣店。店內陳列著約300種使用水果和蔬菜等製作的香皂和沐浴精。

☎052-788-2410
千種区星が丘元町14-25
星が丘Terrace WEST 2F
10:00～20:00 休無休
P有 地下鐵東山線星ヶ丘站即到
MAP別冊4F-3

> **不妨也check同集團下的餐飲店**
> 「MA MAISON」除了有餐廳之外，旗下還經營咖啡廳和炸豬排店等各種餐飲，試圖傳遞多樣化的美好滋味。

1別有風味的器具擺設 2也有藤籃等生活雜貨 3長方形的窗戶外觀相當醒目

架上儘是讓人愛不釋手的陶瓷器
mokodi

‖雜貨‖モコディ

店內除了大分縣的小鹿田（おんた）燒之外，還陳列著沖繩和島根等窯場出品的陶器以及年輕作家的作品。喜愛陶器的店主夫妻，探訪全國的陶藝家收購而來的作品，每一件都能靈活運用在日常生活當中讓人愛不釋手。

☎052-782-2886
名東区西山本通1-8-1 11:00～18:00
休週日、一 P有
地下鐵東山線星ヶ丘站步行12分
MAP 94

島根縣出西窯製作的馬克杯各2625日圓

1店名是法文的「休息時間」之意
2包包和鞋子等配件也很豐富

匯集各種高雅的“可愛輕熟女”單品
アン レクレ

‖流行‖

提供可愛又不失質感的流行風格。虜獲少女心的閃亮單品相當有人氣，品質也同樣受到好評。溫馨的店內，陳列著歐洲和紐約等國內外精選的商品。

☎052-788-2003
千種区星が丘元町16-50 星が丘Terrace EAST2F 10:00～20:00
休無休 P有 地下鐵東山線星ヶ丘站即到
MAP 別冊4F-3

店內各種讓女生心動的單品

1與閑靜住宅區融合為一的外觀
2彷彿像是英國民家的店內

傳統老鋪洋食店的風味
MA MAISON 星ヶ丘本店

‖洋食‖マメゾンほしがおかほんてん

費時約一個月熬煮牛肉醬汁的漢堡排和牛肉燉湯等都很有人氣的老鋪洋食餐廳。搭配英國古董家具的店內，就如同法文店名「我的家」一般，寬敞舒適讓人放鬆。

☎052-781-6562 千種区星が丘元町1-15
11:30～22:30（午餐平日～14:00；週六、日、假日～14:30；週日、假日～21:30） 休無休
P有 6地下鐵東山線星丘站步行5分 MAP 別冊4F-3

淋上店家引以為傲的牛肉醬汁的漢堡排1112日圓

位在這塊區域北側的平和公園內，各種的樹木生長繁盛，是一處野鳥聚集休憩的地方。

逛逛參道旁的店鋪 到覺王山散散步

日本唯一一處安置釋迦遺骨的日泰寺。
其參道的沿路上，餐飲店和雜貨店等個性派的店鋪櫛次鱗比。
不如就沉浸在這異國氛圍和淡淡的藝術氣息當中，悠閒的散散步吧。

小・小・旅・程・提・案

1 **情報滿載，覺王山報紙Get！**
覺王山每月會發行一次免費的報紙，刊載這一帶的店鋪資訊和活動情報。平常報紙就放在參道旁的店門口等處，別忘了索取讓散步更順利！

2 **はすの実雜貨店**
先到參道入口附近的店鋪看看這些亞洲來的雜貨吧。光是把玩欣賞就讓人覺得愉快。

3 **參道的推薦商品Check**
也有些店家會將推薦商品擺在參道上。不妨帶著祭典的心情，不只是隔窗欣賞，還能享受在路邊實際把玩的樂趣。

4 **覚王山アパート**
往覺王山的個性派景點出發。如果時間剛好，還有機會見到作家本人，說不定還能瞧見製作時的風景。

5 **悠閒的到處吃**
也有不少店家將椅子放在門口，形成開放式的空間。散步途中到處吃吃喝喝也很不錯。

6 **庭園ギャラリーいち倫**
散步累了，不妨到藝廊咖啡廳稍作休息。在日式民宅中品嘗一杯熱茶，療癒身體的疲憊。

7 **日泰寺**
為了安置釋迦的遺骨，於1904（明治37）年創立。每月一到21日的弘法緣日，攤販和參拜人潮便會將這裡擠得水洩不通。

在日泰寺參道上不分類別，各種新舊店家櫛次鱗比

日泰寺的境內建有五重塔

前往藝術系小店集中的覺王山アパート

藝術家的祕密基地

覚王山アパート

‖雜貨‖かくおうざんアパート

屋齡50年以上的木造公寓改裝而成。工作室、藝廊、工藝品店和二手書咖啡廳等，結合年輕創作家們打造的藝術系小店，形成一處洋溢著創造感的空間。

1 2015年4月起新加入2家新店面 2 使用鐵絲製作肖像畫和胸針等各種作品的鐵絲工藝就在八百魚 3 也有以玄關或是廁所等公寓一角為舞台的展示空間 4 以次文化的二手書籍為主的アムリタ。咖啡廳的手工咖哩堪稱絕品

整個繞上一圈
120分

建議出遊Time
13:00-15:00

可以多繞繞這個區域充滿特色的景點。到處閒晃聽聽店主的想法也頗有趣。由於這裡有不少的咖啡廳和雜貨店鋪，因此建議能在下午稍早的時間前來，慢慢花個2～3小時走走。

在路邊攤採購伴手禮！

就以尋找覺王山的伴手禮來為散步畫下完美的句點吧。在店門口發現的民族風大象，似乎與平常的名古屋伴手禮有那麼一點點不同。

販售東南亞的雜貨
はすの実雜貨店
‖雜貨‖はすのみざっかてん

店內販售從東南亞直接進口的雜貨、首飾和服裝。與店名蓮花相關的原創商品也很豐富。

擁有250坪庭園的咖啡廳
庭園ギャラリーいち倫
‖咖啡廳、藝廊‖ていえんギャラリーいちりん

以日式民宅改建的藝廊兼咖啡廳，帶有讓人放鬆的舒適氛圍。數量限定的午餐也頗受好評。（10：00～14：00）

とっと木套餐700日圓同時附上用天然苦艾製成的草餅

車站附近也集中不少能稍微喘口氣的紓壓店鋪

印度料理和紅茶的店
えいこく屋
‖印度料理、紅茶‖えいこくや

位於覺王山參道旁的此店，是一家提供印度菜和紅茶的餐廳。可以搭配印度奶茶Chai（480日圓），和世界各國的紅茶，享用司康等的點心。

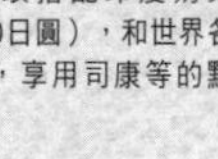

雞肉咖哩650日圓、烤餅390日圓

參道紅茶525日圓，是這裡才有販售的限定商品

法國的乳酪和蜂蜜
メルクル
‖乳酪&蜂蜜‖

覺王山蜂蜜900日圓（右）、全日本只在此店買得到的山羊乳酪CLISSON（左），100g1480日圓

從法國直接進口的蜂蜜和乳酪，都是店主親自拜訪生產者嚴選的優質良品。同時店內還售有日本獨一無二的商品。

風味樸實的鬼饅頭
梅花堂
‖和菓子‖ばいかどう

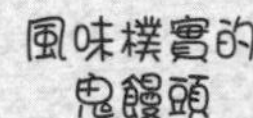

嚴選九州及四國的蕃薯製作而成的鬆軟鬼饅頭（1個134日圓）。為追求這樸實的口感，店門前總是大排長龍相當有人氣，甚至也有不少客人遠道而來。

覚王山アパート
☎052-752-8700
⌂千種区山門町1-13 ⏰11:00～18:00 休週二、三（假日、21日營業）P無 地下鐵東山線覺王山站步行7分
MAP別冊4E-2

はすの実雜貨店
☎052-761-4888
⌂千種区山門町2-51-4 ⏰11:00～19:00 休週一、二；第2、4週三 P有 地下鐵東山線覺王山站即到 MAP別冊4D-2

庭園ギャラリーいち倫
☎052-751-1953
⌂千種区西山元町1-58 ⏰10:00～17:00 休週一、二、第2週三（每月21日營業）P有 地下鐵東山線覺王山站步行10分 MAP別冊4E-2

えいこく屋
☎052-763-2788
⌂千種区山門町2-58 ⏰8:00～21:00 休週二 P無 地下鐵東山線覺王山站步行3分 MAP別冊4E-2

メルクル
☎052-761-9881 ⌂千種区山門町1-47 大きなねこさんの家1F ⏰11:00～19:00 休週一、第1週二（逢假日、21日則翌日休、夏季休）P無 地下鐵東山線覺王山站步行6分
MAP別冊4E-2

梅花堂
☎052-751-8025 ⌂千種区末盛通1-6-2 ⏰9:30～17:00（鬼饅頭9:15～）※鬼饅頭有時會售罄，盡可能事前預約
休不定休 P有 地下鐵東山線覺王山站即到 MAP別冊4E-2

每月21日的弘法緣日，會有蔬菜的販賣和糰子店等，像祭典時的攤販一般在此設攤。

那些"名古屋姑娘"也熱衷的名古屋沙龍名店

護膚、眉毛美容、除毛都有…。
名古屋姑娘（名古屋孃）即使是在美容沙龍，也追求期待以上的"超值感"。
就到她們愛用的話題名店，體驗物超所值的美麗吧。

眉毛

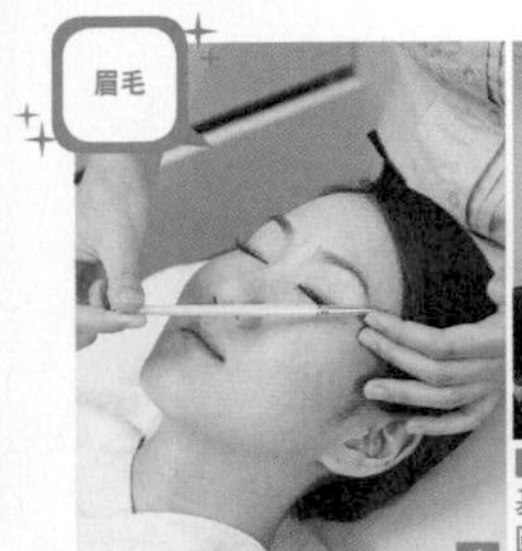

1諮詢後，以骨骼、肌肉和臉部平衡為基礎進行修眉。眉毛修護保養5184日圓　2沙龍充滿沉靜放鬆的氛圍

ANASTASIA

‖榮‖アナスタシア

眉毛專門的沙龍。以獨自的手法，按照每一個人的臉型修整出適合的眉型，讓全臉呈現出高雅的印象。

☎052-252-1387 ⌂中区栄3-5-1 名古屋三越 栄店3F 🕒10:00～19:00(預約優先) 休不定休 P有特約P 🚉地下鐵東山線、名城線榮站即到 MAP別冊10D-2

美容

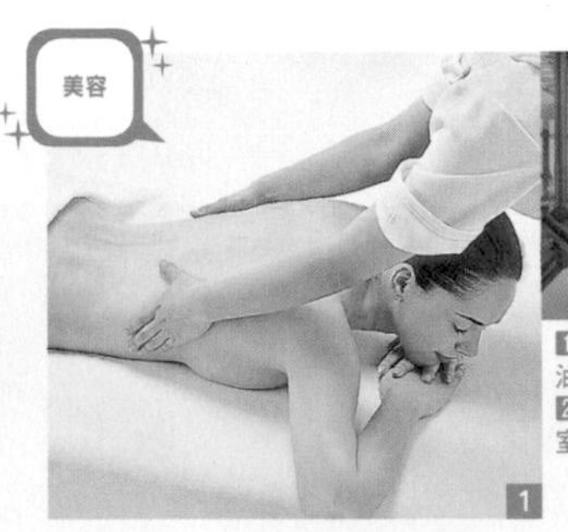

1刺激全身穴道的全身精油按摩60分 24624日圓
2按摩過後在寬敞的休息室徹底放鬆享受餘韻

エステティックリゾート ソシエ 245

‖名駅‖エステティックリゾートソシエニイヨンゴ

以最新技術和手法為主的療程，搭配各人肌膚狀況提供適合的保養。進入沙龍前後看見的51F絕景，似乎也能讓人心情煥然一新。

☎052-565-4936 ⌂中村区名駅1-1-4 JR名古屋高島屋51F全景沙龍 🕒10:00～20:00(視療程而異) 休不定休 P有 🚉JR名古屋站即到 MAP別冊7B-3

除毛

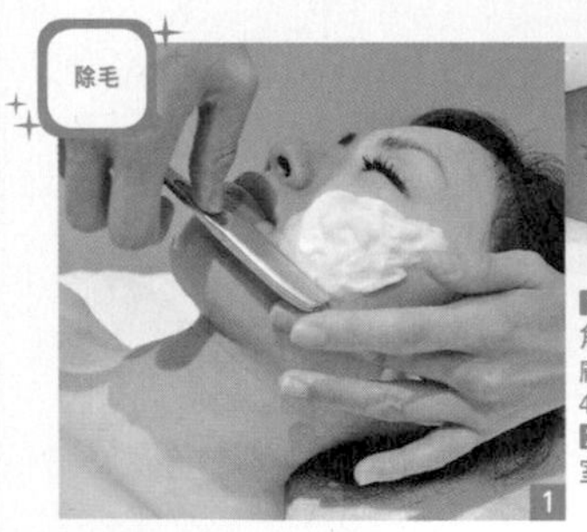

1除毛是除去臉部細毛和角質，恢復光澤彈性的皮膚。標準療程（30分）4752日圓～
2位於時尚大樓的地下室，店內氛圍明亮

CURES

‖榮‖キュアーズ

護膚和除毛的沙龍。使用有效成分100%的原創原液，以及有良好成效的化妝品，提供針對不同問題的美膚護膚療程。

☎052-259-6258 ⌂中区栄3-6-1 LACHIC B1F 🕒11:00～21:00 休不定休 P有 🚉地下鐵東山線、名城線榮站步行3分 MAP別冊10D-2

按摩

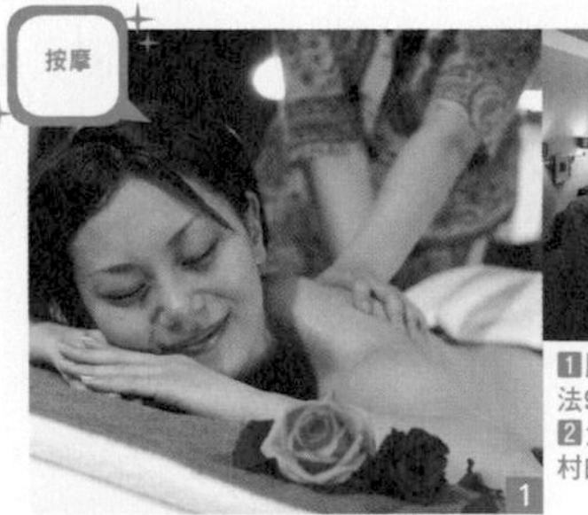

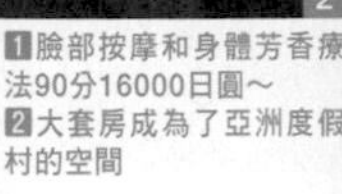

1臉部按摩和身體芳香療法90分16000日圓～
2大套房成為了亞洲度假村的空間

バリエステ「リブラン・バリナチュラ」

‖金山‖

高雅的飯店大使大套房裝飾成正宗峇里氛圍的空間裡，悠閒地享用美妝。

☎052-683-4111(代) ⌂中区金山町1-1-1 ANAクラウンプラザホテルグランコート名古屋 🕒10:00～21:15(完全予約制) 休不定休 P有 🚉JR金山駅からすぐ MAP別冊5B-4

飽覽、暢遊
名古屋的精髓

如果只是吃，太浪費。
如果只有購物，稍嫌不足。
在街道漫步，觀賞美好景致，
這裡的歷史和文化，觸動人心。
讓名古屋之旅更精采的
推薦景點就在這。

周遊庭園、欣賞花卉秀麗的名古屋城

代表名古屋的象徵，名古屋城。
雖然大部分人的焦點容易放在「金鯱」上，但其實這裡也是一處賞花名勝。
欣賞花卉的同時，在廣大的腹地內悠閒散步也別有一番風情。

也是一處有名的賞花景點

名古屋城菊花大會

在城內觀賞四季花卉

名古屋城 なごやじょう

名古屋城是在1612（慶長17）年受德川家康之令建造。雖然金鯱極為有名，但其實腹地內的景觀也相當別緻。四季花卉輪流綻放裝飾著天守閣，城內的庭園也常舉辦與花相關的活動，帶給人們視覺上的饗宴。

☎052-231-1700（名古屋城綜合事務所）
中区本丸1-1 ⌚9:00～16:30（天守閣、本丸御殿入場～16:00）休無休 ¥500日圓 P有 地下名城線市役所站步行5分
MAP別冊5B-1

Pick up!
本丸御殿「玄關、表書院」開放中!!

1615年築成後被空襲燒毀的本丸御殿，根據現在平成的市民修繕勸募，正在進行修建工程當中。2013年5月29日公開玄關和表書院，預計2018年全部修復完工。

（本丸御殿表書院一之間）

名古屋城的花期

3月
名古屋城山茶花展
展示約500株的山茶花。期間中會在栽培相談所舉辦特賣會。

3～5月
春祭
染井吉野櫻和枝垂櫻等約1000棵的櫻花樹相當值的一看。同時也開放夜櫻欣賞。

5月
名古屋城杜鵑花大會
在西之丸廣場舉辦。展示約300株由杜鵑花愛好者所培育出的花卉。

10～11月
名古屋城菊花大會
大菊、山菊和插花等，展示約500株的菊花。同期間並舉辦菊人偶展。

名城公園花卉展廳
めいじょうこうえんフラワープラザ

除了百花齊放的展示花園之外，並提供四季花卉和植物的相關情報。館內設有咖啡廳「雜花屋」，適合作為散步後的憩息處。

☎052-913-0087
北区名城1-2-25 ⌚9:30～16:30（咖啡廳～16:10）休週一（逢假日則翌平日休）、第3週三（逢假日則第4週三休 ¥免費 P有 地下名城線名城公園站步行3分
MAP別冊5B-1

彷彿被百花包圍的花卉展廳

金鯱大盜出現!?

作為名古屋象徵的金鯱，據說從明治到昭和之間曾被偷竊過三次。1871年是3枚鱗片、1876年年則是部分鱗片，之後到了1937年年，竟然被偷走58枚鱗片。所幸目前無論哪一名犯人均被逮捕。

別錯過沼澤河塘的周圍！

沼澤河塘的周圍有許多能欣賞四季花卉的景點。除了早春滿開的杜鵑花，還有梅雨時的菖蒲花等花卉。

可以看見四季不同的表情

被大自然包圍的休憩時光

荷蘭風車和花之山

在草坪廣場上佇立著一座大風車，還有能在花壇小路間散步的「花之山」。

全長660m的紫藤花迴廊

沿著護城河畔打造的紫藤花棚隧道。從上頭垂落的紫色藤蔓散發出陣陣香甜。觀賞期在4月下旬，到時會有眾多人潮前來。

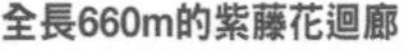

留著濃厚儒家影響的回遊式庭園

1967（昭和42）年開放參觀的日本指定名勝二之丸庭園。早春有二之丸的梅林，到了5月到6月之間，則是牡丹和芍藥的花期。

表現出山水意境的迴遊式庭園

最適合悠閒散步

名城公園

めいじょうこうえん

☎052-911-8165(名古屋市北土木事務所)
⌂北区名城 ⏰自由入園
休 無休 ¥ 免費
P 有
🚇 地下名城線名城公園站即到
MAP 別冊5B-1

天守閣最頂層的展望台內，有販售金鯱紀念品等各種名古屋城的伴手禮。

新舊文化的集聚地 白壁地區・德川園漫步

殘留許多古老建築的白壁地區，
是一處被指定為街道建築保存地區的風雅之地。
在飲食店或餐廳裡，用餐的同時也能享受文化的薰陶。

新舊仕女的優雅生活

位在這塊區域的「文化之路二葉館」，是將日本第一號女優川上貞奴住過的宅邸移建修復而成，建築內透漏出她昔日優雅的生活樣貌。另外，由於最近這裡作為閑靜住宅區享有人氣，因此人們帶著羨慕的心情，將住在這一帶的太太們尊稱為「シラカベーゼ」。

1 用餐的同時還能眺望充滿和式氛圍的箱庭享受特別的片刻
2 玉米的香甜在口中擴散。慕斯和蔬菜的聖代
3 與閑靜街道極為搭配的建築物

向簽約農家進貨的新鮮蔬菜品質掛保證

LE PIGNON

‖法國料理‖ルピニョン

無論中午或是晚上都只提供全餐服務的宅邸法式餐廳。向簽約農家進貨的有機蔬菜，真實呈現出蔬菜原本的甘甜、苦澀和清脆口感。箱庭的松樹造景也讓人印象深刻。

☎052-710-8877 ⌂東区徳川町2406 ⏲11:30～13:30、18:00～21:00 休 週三、第2、4週四 P 無 🚉地下鐵名城線大曾根站步行8分 MAP 別冊4D-1

也用來舉辦市民的文化活動

歷史遺產的寶庫

名古屋市市政資料館

‖資料館‖なごやししせいしりょうかん

1922（大正11）年設立。1989（平成元）年開始作為名古屋市的公文書館，新巴洛克式的外觀，中央樓梯間和3F的會議室（修復）都被指定為國家的重要文化財產。

☎052-953-0051
⌂東区白壁1-3 ⏲9:00～17:00
休 週一（逢假日則隔天翌平日休）、第3週四（逢假日則第4週四休）¥免費 P 有
🚉地下鐵名城線市役所站步行8分
MAP 別冊8E-1

從室內裝潢能窺探出當時生活

偉人豐田佐助的宅邸

旧豊田佐助邸

‖歷史的建造物‖きゅうとよださすけてい

支撐日本經濟的發明王豐田佐吉親弟豐田佐助的宅邸。天花板的通風口處，有以姓氏拼音「とよだ」的文字描繪出的鶴龜圖形。可以在此了解現代日本的經濟基礎。

☎052-972-2780（名古屋市歷史城市建設促進科）
⌂東区主税町3-8 ⏲10:00～15:30 休 週一（逢假日則翌平日休）¥免費 P 無 🚉地下鐵櫻通線高岳站步行15分
MAP 別冊8F-1

四個名古屋市的街道建築保存地區之一

「街道建築保存地區」是名古屋市為保存具有歷史意義的景觀而設立的政策。東區的白壁、主税和橦木在1985（昭和60）年被指定。其他還包括有松等，現在約有四個的街道建築保存地區。

沉浸在民宅風情裡度過優雅時光

山人昔楼

‖和洋折衷料理‖さんじんむかしろう

從秋田的比內地雞、名古屋的交趾雞到有機蔬菜，將來自全日本各地的嚴選食材調理成和洋折衷的料理。可在古民宅改建的空間內，享受特有的雅緻風情。

☎052-930-5395 ⌂東区白壁3-26-23
🕒11:30～13:30、17:00～22:00
休週一 P有 🚉名鐵瀨戶線尼ヶ坂站步行3分 MAP別冊5C-1

1極具風情的厚重大門 2炭火烤季節時蔬1300日圓 3店內能眺望櫻花或松樹等色彩繽紛的日式庭園。也有宴席

名鐵瀨戶線 森下站
LE PIGNON
19
ガーデンレストラン徳川園
徳川園
N

在廣大的庭園中散步

徳川園

‖庭園‖とくがわえん

尾張德川家的宅邸遺跡，從2004年開始開放參觀池泉迴遊式的日本庭園。廣大的腹地內，有以地下水為水源的「龍仙湖」和溪谷等地可以散步欣賞。

☎052-935-8988
⌂東区徳川町1001 🕒9:30～17:00
休週一（逢假日則翌日休）
¥300日圓 P有 🚉地下鐵名城線大曾根站步行15分 MAP別冊5C-1

1活用原本地形所設計的景觀 2在同一個腹地內另有一棟「名古屋市蓬左文庫」，這原本是德川義直創設的尾張德川家御文庫

充滿南國情懷的咖啡廳

Koa House

‖咖啡廳‖コアハウス

能享受到南國風情的夏威夷式有機咖啡廳，也附設了盆花、觀葉植物的專門店。這裡的料理都是利用有機栽培的蔬菜和米，打造對身體有益的食物。

☎052-932-5884
⌂東区主税町4-16-1
🕒11:30～22:00(週日11:30～18:00)
休週一 P有
🚉地下鐵櫻通線高岳站步行15分 MAP別冊5C-1

1另設有沙發座位
2 Loco Moco漢堡排飯（附有機沙拉）1030日圓

能眺望庭園的餐廳

ガーデンレストラン徳川園

‖法國料理‖ガーデンレストランとくがわえん

餐廳佇立在尾張德川家宅邸改建的德川園內。能在欣賞廣大的日式庭園的同時，品嘗四季各種正統的法式料理。

☎052-932-7887 ⌂東区徳川町1001
🕒11:00～14:00、17:00～22:00
休不定休 P無 🚉地下鐵名城線大曾根站步行10分 MAP別冊5C-1

1庭園在點燈的布置下有如太虛幻境 2Baccarat的水晶燈極為搶眼

除了因為羨慕高級住宅區的名古屋貴婦，而衍生出「シラカベーゼ」一詞之外，據說也將住在八世的太太們稱為「ヤコトジェンヌ」。

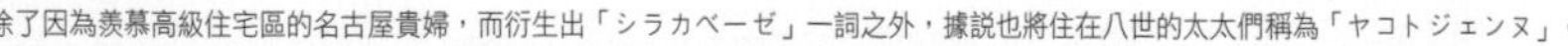

貼近藝術琢磨感性 博物館巡禮

作為德川家住居而繁榮的尾張，茶道和花道盛行，
一直以來守護著日本古時的傳統美。不妨前來欣賞這裡作為文化據點的一面，
親身體驗這些美麗的藝術作品，琢磨自己的感性吧。

金山站即到。以美國波士頓美術館的作品為中心，展示各類型的名品

同時收藏有重要文化財產。國寶「初音的調度」是三代將軍的愛女千代姬的婚禮道具

如過往宮殿般的優美展示室極為壯觀。讓人忘記身在日本來享受法國的藝術

每年一次公開展示的國寶「源氏物語繪卷」（右）。「內裏雛擺飾」（左）則是在每年2～3月展示

1 波士頓美術館唯一的姊妹館
名古屋波士頓美術館

‖金山‖なごやボストンびじゅつかん

美國波士頓美術館的姊妹館。波士頓美術館內約45萬件的收藏品當中，輪流挑選舉辦企劃展。由約45萬件館藏裡，選出搭配富有魅力的主題進行企畫展。

☎052-684-0101
中区金山町1-1-1 ⓛ10:00～18:30（週六、日、假日～16:30）休 週一（逢假日則翌日休）¥1300日圓、17:00以後1100日圓（視企劃而異，需洽詢）P 公共停車場 JR金山站即到 MAP 別冊5B-4

2 沉浸在優美的法國藝術當中
YAMAZAKI MAZAK美術館

‖新榮‖ヤマザキマザックびじゅつかん

可以飽覽法國從18世紀到20世紀300年間的藝術潮流。Emile Galle等新藝術的華麗琉璃作品和家具也很充實。

☎052-937-3737
東区葵1-19-30
ⓛ10:00～17:00（週六、日、假日～16:30）
¥1000日圓 休 週一 P 有
地下鐵東山線新榮町站即到
MAP 別冊5C-2

3 展示尾張德川家的名品
德川美術館

‖大曽根‖とくがわびじゅつかん

收藏了鎧甲、刀劍、茶道具和能裝束等尾張德川家的大名道具。另外作為大名家的寶庫，並存有婚禮用品類等重要遺物，是一間極為珍貴的美術館。

☎052-935-6262
東区徳川町1017
ⓛ10:00～16:30 休 週一（逢假日則翌日休） ¥1200日圓 P 有 地下鐵名城線大曾根站步行15分
MAP 別冊4D-1

建築物也是欣賞的樂趣之一

設計名古屋市美術館的黑川紀章同時也是日本國立新美術館的設計師；而豐田市美術館的設計者谷口吉生，過去也曾以打造紐約現代藝術博物館新館等多項建築而享譽世界。

日本唯一的墨西哥近代美術收藏值得觀賞。黑川紀章設計的建築也是不能錯過的一環

白牆外觀的美術館擁有白川公園的大片綠意圍繞，是城市中的休憩之地

克林姆的「人生就是戰鬥（黃金的騎士）」1903年。展示著國內也極為少見的作品

Émile Gallé「聖女貞德文花器」

公園內的白牆美術館

名古屋市美術館

‖伏見‖なごやしびじゅつかん

除了有「梳辮子的少女」之外，並有巴黎傳統風格、墨西哥文藝復興風格、鄉土藝術、現代美術的常設展等各種常設企劃展覽，同時也有特展。

☎052-212-0001
中区栄2-17-25 白川公園内 ⏰9:30～16:30(週五～19:30 ※逢假日～16:30)
休 週一(逢假日則翌平日休) ¥ 300日圓(特別展門票另計) P 無 地下鐵東山線、鶴舞線伏見站步行8分 MAP 別冊11B-3

公開20世紀的巨匠作品

愛知縣美術館

‖榮‖あいちけんびじゅつかん

位在愛知藝術文化中心內。規劃有克林姆、克利和畢卡索等大師作品的常設展，並舉辦展覽會介紹最新的美術動向，是一間綜合性的美術館。

☎052-971-5511(愛知藝術文化中心)
東区東桜1-13-2 ⏰10:00～17:30(週五～19:30) 休 週一(逢假日則翌日休)
¥500日圓(企劃展門票另計) P 有
地下鐵東山線、名城線榮站步行3分
MAP 別冊8E-4

進入琉璃藝術的世界

大一美術館

‖中村公園‖だいいちびじゅつかん

日本中部地方大規模展示琉璃工藝的美術館。可以觀賞到近代和現代的二位大師，在新藝術樣式琉璃工藝上的傑作。

☎052-413-6777
中村区鴨付町1-22 ⏰10:00～17:00
休 週一(逢假日則翌日休) ¥ 800日圓
P 有 地下鐵東山線中村公園站轉乘市區巴士往稻西車庫方向行駛5分，鴨付町巴士站即到 MAP 別冊3A-2

在名古屋波士頓美術館的館內商店當中，也有販售各種首飾和餅乾等紀念品，非常適合作為伴手禮及禮物。

在綠意盎然的Noritake的森林當中邂逅創作之心

Noritake從1904年創立以來，便以生產出無數的精美食器聞名。
在其發源地擴建打造的「Noritake的森林」當中，
凝聚著讓全球收藏家為之傾倒的設計原點。

前往纖細又富藝術性
Noritake的食器世界

Noritake的森林

‖名駅‖ノリタケのもり

能在位於都心卻擁有大片綠意的腹地內，親身感受陶瓷器的歷史和文化，是一處極具觀賞價值的景點。並還能近距離看見Noritake產品的製作過程，以及反映時代的名作。不妨在此挑戰彩繪陶瓷的體驗課程，或是享受購物與用餐的樂趣。

☎052-561-7290 ⌂西区則武新町3-1-36 ⓛ10:00～17:00（視設施而異）㊡週一（逢假日則翌日休 ¥免費（只有工藝中心需收費） Ⓟ有 JR名古屋站步行15分
MAP 別冊7A-1

1. 來見識一下職人的技藝

工藝中心、Noritake博物館

這裡開放參觀從事製造的職人技藝，並展示具歷史意義的貴重製品。同時還能在此體驗繪陶活動。
ⓛ10:00～17:00
¥入館費500日圓

組合

將石膏模型鎔鑄而成的產品部件組合成形

素燒

將組合好的產品經過自然風乾後，再進行素燒和施釉的工程

彩繪

除了素描（手繪）之外，還能參觀轉印和鑲金等技法

也有繪陶體驗♪

可利用陶瓷的彩繪工具，親自在全白的骨瓷製品上創作。

不需預約（最後受理時間16:00） ¥盤子、馬克杯各1800日圓

在博物館內發現！

色彩鮮豔的設計畫
各式各樣明治時代所描繪的畫帖。嬌豔的花繪讓人心動

200件具歷史意義的餐盤
不妨試著找出大正時代到現在的設計趨勢

隨處可見過去所使用的舊磚瓦和煙囪等具有歷史意義的產物

點綴著綠意和流水的園內，光散步就能讓心情愉快

跨越世紀的知名品牌

Noritake創立於1904年，至今為止所生產的產品隨著以出口為主而流通，日漸成為榮獲日本國內外支持的品牌。同時1800年代到1900年代前半段的產品被稱為 Old Noritake，在古董愛好者當中擁有極高的評價。

久等了♪

2. 挑選心動的食器

1988年發表的長年熱銷系列。YOSHINO（27.5cm）6804日圓

使用帶有立體感的白盛技法彩繪是最大的特色。WHITE PALACE（27cm）6804日圓

融合東西方的圖案饒富樂趣。ISLAY（27cm）5940日圓

購物在這裡！

販售專業規格的食器

MY DINING

店內展示的Noritake商品，從一般顧客到專業規格的食器一應俱全。

眾多日常生活的食器

生活風格商店 PALETTE

這裡有販售金鯱熊和金鯱馬克杯等限定紀念商品。

能買到超值的高級品

過季商店 BOX

販售已停止生產的商品或是企劃商品等。說不定能在這挖掘到喜愛的寶物。

也有此地限定的原創商品

以Noritake發源地的名古屋為創作靈感的本地商品，金鯱馬克杯2376日圓

配合季節和時令所推出的森林熊系列各3024日圓～

3. 前往使用Noritake食器的餐廳

餐廳 Kiln

能在此品嘗以法式和義式為主的歐風創作料理。當然食器全部都是來自Noritake。

🕒11:30～14:30、15:00～16:00、17:30～22:00（晚餐時間需預約）

1午餐2400日圓～ 2 15:00之後的下午茶套餐1600日圓需預約
3在優雅的氛圍當中悠閒用餐

這裡也有自助式的咖啡廳「SQUARE CAFE」，作為散步和購物空檔的小憩之處相當有人氣。天氣好的日子不妨到露天座位♪

實際觸摸親眼見證、滿滿的新發現
名古屋近郊的體驗景點

除了最具話題的名古屋市科學館剛完工的新館，
擁有世界最大的天文館之外，
這裡還要介紹讓名古屋觀光更加有趣的體驗式景點。

再現星空實境
世界最大的天文館

名古屋市科學館

‖伏見‖なごやしかがくかん

科學原理、最先端的科學技術和自然現象的結構等，約有250種的豐富展示。同時還能在世界最大的天文館「Brother Earth」內，一邊由專業人員進行現場解說，一邊享受臨場感十足的觀星樂趣。

☎052-201-4486
中区栄2-17-1（藝術與科學之社、白川公園內）
9:30～16:30 休週一（逢假日則翌平日休）、第3週五（逢假日則第4週五休）¥展示室和天文館800日圓（單看展示室400日圓）P無 地下鐵東山線、鶴舞線伏見站步行5分 MAP別冊11B-3

主題是
星星

一望無際的星空蔓延在世界最大的圓頂上相當具有真實感

天文館「Brother Earth」

在內徑35m世界最大的圓頂上映照出的是“帶有真實感一望無垠的星空”。除了影像和音響的品質極具水準之外，專業人員的現場解說也深受好評。可在具備仰躺機能的座椅上，舒適的享受觀星樂趣。

門票…受理窗口是從開館時間的9：30開始，販售當日分的門票，售完截止／所需時間…1次約50分／
節目表… 每月更換主題，並有舉辦夜間活動。詳情請參照官網！
http://www.ncsm.city.nagoya.jp/

3項驚奇體驗

龍捲風實驗室

利用人工裝置製造高度約有9m的龍捲風。可在1日3次的龍捲風秀當中欣賞實境表演。被點名的話還有機會進到龍捲風內體驗。

※週六、日、假日為1天4次

極寒實驗室

能進入負30℃的展示室內，體驗極地的自然現象。並設有能接觸南極空運來的冰塊和浮冰的展示區塊。

※週六、日、假日和春、夏、冬的休假平日是1日3次，其他時間是1日2次，需索取號碼牌

放電實驗室

可以在近距離觀賞到從兩座線圈放射出的120萬伏特電力。放電時的聲音和火花震撼力十足。

※有人數限制。週六、日、假日1日3次，春、夏、冬的休假平日是 1日2次，需索取號碼牌

＼水廣場也很驚人！／

利用美麗的影像裝置等設備，伴隨著聲光的演出，傳達地球上水循環的原理。1日7次的表演秀也千萬別錯過！

就利用再入場有效率的在科學館遊玩吧！

「名古屋市科學館」只要購買門票，就能在當日不限次數入場。因此可以先購買天文館的參觀卷進場欣賞，再到科學館所在的白川公園或周邊享用午餐，之後只要配合投影時間入館即可，這樣便能聰明的玩遍科學館。

主題是 鐵道

入場後進會先看到「C62形 蒸汽火車」、「955形 新幹線試驗電車（300X）」和「超導體磁浮列車 MLX01-1」

從蒸汽火車到超導體磁浮列車 介紹高速鐵路技術的進步

磁浮·鐵道館

‖金城ふ頭‖リニア・てつどうかん

從日本最大、最快的「C62形蒸汽火車」，到世界鐵道最高速度記錄的超導體磁浮列車，共展示出39台實體車輛。另外還有模擬駕駛裝置和精巧的鐵道模型等，任何年紀的人都能樂在其中。

☎052-389-6100(JR東海) 住港区金城ふ頭3-2-2 ⏰10:00～17:00 休週二(視季節而有所更動) ¥1000日圓(部分體驗需額外付費) P無(利用鄰近的「モノづくり文化交流エリア」停車場) 🚃あおなみ線金城ふ頭站即到 MAP別冊3A-4

＼模型也很驚人！／

以日本最大的面積重現東海道新幹線的沿線風景。利用20分鐘表現鐵道的24小時

3項模擬裝置

可以抽籤方式參加在來線的駕駛體驗（1次約10分、100日圓）、車掌體驗（1次約15分、500日圓）和新幹線的駕駛體驗（1次約15分、500日圓）

主題是 陶瓷器

將裝飾磁磚以地域或文化分門別類展出的「世界磁磚博物館」內，貼滿伊斯蘭磁磚的圓頂天花板

透過磁磚藝術和體驗活動 貼身感受陶器和土的魅力

INAX 體驗博物館（LIXIL集團）

‖常滑‖イナックスライブミュージアム（リクシルグループ）

由磁磚、陶器和泥土相關的六項設施組成。除了有從25個國家和地區收集而來、展示各時代約1000件裝飾磁磚的博物館之外，還有巨型的磚窯和設有煙囪的資料館。同時也有能親身感受泥土和陶器魅力的體驗教室等設施。

☎0569-34-8282 住常滑市奥栄町1-130 ⏰10:00～16:30 休第3週三(逢假日則翌日休) ¥600日圓(共同入館費、體驗活動需額外付費) P有 🚏從名鐵常滑站搭乘知多巴士往知多半田站方向行駛6分，在INAXライブミュージアム前下車即到 MAP別冊12C-2

＼巨大的磚窯也很驚人！／

能到內部參觀的巨大專窯、建築物和煙囪，都是日本國家級的有形文化財產

親身接觸泥土和陶器

泥土館
拋光泥球製作（800日圓、預約制）

陶樂工房
可以參加彩繪磁磚的體驗等（800日圓～、預約制）

在二樓DELICA STATION販售的「磁浮・鐵道館」限定的復刻便當和限定的盒裝兒童午餐非常有人氣。

一整日盡情遊玩
人氣休閒景點 名古屋港

名古屋港周邊分布著一些透過視覺和觸覺能近距離學習的休閒景點。而有許多海中生物的名古屋港水族館，更是人氣不墜。不妨將各種特色景點自由組合，搭配出屬於自己的旅行計畫。

名古屋港水族館

‖名古屋港‖なごやこうすいぞくかん

活潑可愛的動物們精采的表演

烏龜和企鵝的繁殖實績也很有名。南館能觀察從日本到南極沿途棲息的動物，而北館則是展示了虎鯨、海豚以及白鯨。

☎052-654-7080 ⌂港区港町1-3
🕘9:30～16:30(黃金週、夏季～19:00，冬季～16:00) 休週一(逢假日則翌日休) ¥2000日圓 P有 🚇地下鐵名港線名古屋港站步行5分 MAP別冊3A-3

1進行表演的主泳池面積世界最大 2和母親「史黛拉」一起跳出水面的「琳」 3可以看到可愛的白鯨 4一躍沖天的海豚不能錯過 5「珊瑚礁海洋」區局部整修 6龍捲風般的沙丁魚群極為壯觀 7南館的南極企鵝

PM就自由選擇

名古屋港的娛樂景點集合了各種不同類型的設施，讓大家能親眼見識和體驗。不妨在此享受一段愉快的午後時光。

名古屋港口大樓

‖名古屋港‖なごやこうポートビル

透過展示讓大家輕鬆了解港口的歷史和作用

以白色帆船為概念所設計的大樓。館內設有剛完成整修的海、船、港的博物館「名古屋海洋博物館」，和走道藝廊、瞭望室等。

☎052-652-1111 ⌂港區港町1-9 ⏲9:30～16:30 休週一（逢假日則翌日休）¥每1項設施300日圓（展望室、海洋博物館和南極觀測船富士號的設施共通券700日圓）Ⓟ有 🚉地下鐵名港線名古屋港站步行3分 MAP別冊3A-3

每個月會舉辦工作教室，可以參加摺紙工藝和瓶中船的DIY（預定、收費）。

1最頂樓的展望室有53m的高度 2參觀4個展示室學習港口和船的知識 3展望室是一座四周以大片玻璃窗圍繞的空間 4也有展示輸送用的貨櫃

1不屬於日式庭園，卻也不是模仿國外庭園的全新風格「自然風庭園」
2開滿了四季花草，營造出了療癒的空間

名古屋港野花公園 Bluebonnet

‖名古屋港‖なごやこうワイルドフラワーガーデンブルーボネット

在群花包圍中度過，療癒身心的片刻

在「自然風庭園」享受美麗的綠意、花草和水面粼粼波光的同時，感受四季的變換。可以在四季花草的環繞下漫步於22個主題花園。

☎052-613-1187 ⌂港區潮見町42 ⏲9:30～17:00（視季節而有所變動）休週一（逢假日則翌日休）、12月26日～翌年2月底 ¥300日圓 Ⓟ有 📍JR金山站搭乘市區巴士在ワイルドフラワーガーデン巴士站下車即到 MAP別冊3A-4

名古屋港シートレインランド

‖名古屋港‖なごやこうシートレインランド

無論白天或夜晚，在港口的遊樂園盡情嬉戲

遊樂園內有許多療癒滿點和娛樂性十足的設施。尤其是最具人氣的大型摩天輪，無論是白天風景或是夜晚的燈海都相當迷人。

☎052-661-1520 ⌂港區西倉町1-51 ⏲12:00～19:00（週六、日、假日、學校假日10:00～22:00）※視季節而有所變動 休10～6月的週一（逢假日則翌日休）Ⓟ有 🚉地下鐵名港線名古屋港站步行5分 MAP別冊3A-3

1園內有各種娛樂設施 2夜晚點燈裝飾，相當推薦情侶前來 3能在摩天輪上眺望名古屋街景、伊勢灣和鈴鹿山脈

橫跨名古屋港東西向的三座跨海大橋「名港トリトン」非常適合兜風，可以眺望整片名古屋的海灣地區。

在東山動植物園 親近可愛的動物們

飼養了約500種的動物，在全國也是屈指可數的動植物園。
耗費功夫打造生動的體驗展示相當受到注目。
貼身近看，充分感受這些可愛動物們的姿態和表情撫慰一下心靈吧。

體驗展示和週末活動
可以親近動物們

東山動植物園

‖東山公園‖ひがしやまどうしょくぶつえん

在日本也極為罕見的大規模腹地內，除了人氣的無尾熊和大象之外，還飼養了500種的動物。各處正在進行體感型設施的裝修，可以觀賞到比現在更接近自然的樣貌。

☎052-782-2111
千種区東山元町3-70 ⌚9:00～16:30
休 週一(逢假日則隔天平日休) ¥500日圓、東山天空塔共通券640日圓(交通工具、各種娛樂設施另計) P有 地下鐵東山線東山公園站步行3分
MAP 別冊4F-3

透過接觸活動更進一步貼近！

「東山動植物公園」除了有介紹的動物之外，每週日的接觸活動更是豐富。舉辦當日的10時開始，會在各籠舍發放號碼牌。由於大多是以先到順序為主，因此建議在開園時間的9時就先行排隊為佳。詳情參閱官網（http://www.higashiyama.city.nagoya.jp）！

黑猩猩

以超群的平衡感和運動神經為武器，在塔台上用迅雷不及掩耳的速度到處攀爬移動。

在塔台上四處飛躍的矯健身手讓人目不轉睛

接近重點
在11m高的塔台上自由玩耍的姿態，讓人聯想到森林當中生活的模樣

東部森林狼

以棲息地的北美森林為藍圖所打造的新舍，將原運動場擴建約兩倍大。可以觀賞到狼盡情奔跑的姿態。

在廣大的運動場上悠閒生活的野生姿態

接近重點
在廣大的運動場上設有觀覽台，彷彿連呼吸聲都能聽見

獅子

氣派的鬃毛是勇猛的雄性特徵。透過玻璃窗四目相對時，讓人不禁為之顫抖的壓迫感，只有百獸之王才做到。

和百獸之王四目相對不禁、顫抖！

接近重點
在「ワ～オチューブ」內，可以透過玻璃與獅子極近距離的面對面

還有動物之外的有趣景點♪

植物園

利用自然森林規劃的散步路線，可以觀賞到約7000種的植物。位在名古屋最高點的花圃「花田」也相當值得一看。

遊樂園

設有2歲以上可以使用的娛樂設施，讓幼兒也能盡情遊玩。悠閒的氣氛非常適合全家大小一同前來。

HIGASHIYAMA SKY TOWER

建造在海拔80m的山丘上，高度134m的塔樓。能眺望整片名古屋市的風景，是相當有人氣的賞夜景之地。頂樓並設有餐廳。

☎052-781-5586
🕒9:00～21:00
(SKY RESTAURANT為11:00～20:30)
休 週一（逢假日則翌平日休）
¥ 300日圓、和東山動植物園的共通券640日圓
P 有 MAP 別冊4F-3

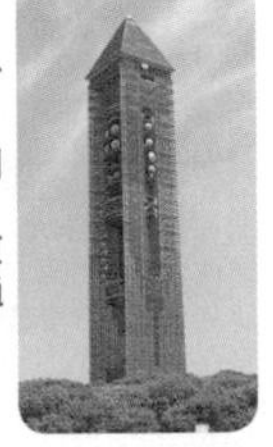

有不少珍奇動物的東山動植物園。小型的河馬－侏儒河馬是世界四大珍獸之一。

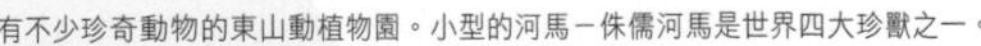

還有許許多多
名古屋的必看景點

那些位在都市或近郊綠意盎然的公園、神社和富有教育性的博物館也可說是名古屋的魅力之一。
想要離開喧囂，追求安心放鬆的休憩時光
不妨走向大自然，參觀各種有趣的必看景點吧。

祭祀三項神器之一的大社

熱田神宮

‖熱田‖あつたじんぐう

在大片綠意和寂靜空氣的包圍下，一間歷史淵源深厚的神社。這裡祭祀著三項神器之一的草薙神劍，被人們稱為「熱田桑」廣受愛戴。2013年迎接創建1900年。

☎052-671-4153
⌂熱田区神宮1-1-1
🕒自由參觀（寶物館為9:00～16:10）休無休（寶物館為每月最後週三和其翌日休）
¥300日圓（寶物館）※企劃展、特展另行收費 P有
🚉地下鐵名城線神宮西站步行7分 MAP別冊3B-3

1 祭祀著草薙神劍的本宮。莊嚴的外觀相當具震撼力
2 推斷樹齡約1000年的大樟樹。境內還有其他數棵巨木

學習愛知引以為傲的製造歷史

豐田產業技術紀念館

‖榮生‖トヨタさんぎょうぎじゅつきねんかん

除了纖維機械和汽車之外，還能在博物館內參觀豐田集團累積的技術結晶和歷史。想要完整學習的人，建議可以利用導覽行程。

☎052-551-6115
⌂西区則武新町4-1-35
🕒9:30～16:30
休週一（逢假日則翌日休）
🚉名鐵名古屋本線榮生站步行3分
MAP別冊3A-2

1 豐田第一輛小客車A4型的組裝工序 2 附設的餐廳「ブリックエイジ」可以吃到紀念館主廚午餐1300日圓～（內容依季節而有所更動）

擁有100餘年歷史的國家登記紀念物

鶴舞公園

‖鶴舞‖つるまこうえん

併設公會堂和圖書館的廣大園內，各種的四季花卉繽紛綻放，是休憩的最佳去處。特別是春天的櫻花堪稱絕景，也是賞花的名勝之一。

☎052-733-8340
（名古屋市綠化中心）
⌂昭和区鶴舞1
🕒自由入園
¥免費入園
P有
🚉地下鐵鶴舞線鶴舞站即到
MAP別冊5C-3

1 約90種、20000株的菖蒲花繽紛綻放的菖蒲池。賞花期在6月上旬
2 玫瑰園當中約有120種、1400株的花朵盛開

遊樂場所豐富的萬博遺址

愛・地球博紀念公園 Moricoro Park

‖長久手‖あいちきゅうはくきねんこうえんモリコロパーク

利用愛知萬博的長久手會場遺址改建而成的公園。在大自然圍繞的園內，花園、大型摩天輪、溫水游泳池和溜冰場等遊樂設施也極為豐富。

☎0561-64-1130
⌂長久手市茨ケ廻間乙1533-1
🕒8:00～19:00（11～3月～18:30、休館日～17:30、付費設施視各設施而異）休付費設施、室內設施是週一（逢假日則翌平日休，春、夏、冬休則無休）¥視各設施而異 P有🚉東部丘陵線Linimo愛・地球博紀念公園站即到 MAP別冊2C-2

©二馬力

1 東海地區第一高的大型摩天輪
2 再現電影『龍貓』世界中的皐月與小梅之家，門票可在LOWSON的售票機Loppi購買，相當方便。

稍微走遠一點，來一段悠閒之旅

試著稍微走遠一點到名古屋近郊，
可以遇見與城市
截然不同的文化和風景。
那樣各種不同的表情或許也能算是
名古屋寬大的包容力也說不定。
周遊喜愛的地區，
就依照自己的腳步享受悠閒的旅行吧。

在懷舊的街道上遛達♪ 尋找有松絞染的可愛雜貨

在保存著舊東海道、江戶時代風情的有松，承傳從古至今的有松絞染。從能體驗染布工藝的景點，到以全新感性傳達絞染魅力的特產直銷店，充滿樂趣的地方多不勝數。

1 有松・鳴海絞会館

ありまつなるみしぼりかいかん

傳達絞染技術與歷史的文化設施

這裡除了展示，同時還實際示範擁有400年歷史、並被指定為國家傳統工藝品的有松・鳴海絞染。除了有販賣絞染製品的商店之外，另有手帕及圍裙等的絞染體驗教室（需預約）。

☎052-621-0111 ⌂緑区有松3008 ⏲9:30～17:00（示範～16:30） 休週三（逢假日則翌日休），4月～11月底無休 ¥300日圓（包括展示室、參觀示範和影片欣賞）、絞染體驗1080日圓～（需預約） P有 🚉名鐵名古屋本線有松站步行5分 MAP別冊3B-4

小錢包 1080日圓

各式色彩鮮明的杯墊 各540日圓

絞染教室，手帕1080日圓～（需預約）

2 神半邸 かみはんてい

在人氣店鋪進駐的古民宅中度過

傳承十三代的絞染批發商神谷半太郎的舊宅邸。在昭和初期建造的建築內，設有餐廳和烘焙坊等店鋪。不僅能在洋溢風情的空間內感受著歷史的痕跡，還可以同時享受用餐和悠閒購物的樂趣。

☎視各店鋪而異 ⌂緑区有松2304 ⏲休視各店鋪而異 P無 🚉名鐵名古屋本線有松站步行3分 MAP別冊3B-4

佇立在舊東海道的一角

緑と風のダーシェンカ・蔵 有松店

みどりとかぜのダーシェンカくら ありまつてん

使用有機食材打造的新窯麵包和餅乾

位在神半邸的一角，專賣新窯麵包和餅乾的烘焙坊。不只使用大量的自家製天然酵母，同時堅果和水果類也堅持有機食材。天氣好時，可在中庭咖啡廳享受剛出爐的麵包美味。

☎052-624-0050
⏲11:00～17:00 休週一、二

加入葡萄乾和核桃的Dasenka 820日圓、貝果160日圓～、黃豆甜甜圈160日圓等

やまと

使用當季食材的日本料理

能在品嘗日本料理的同時，眺望靜謐的神半邸中庭。使用當季食材搭配精心挑選的食器，不僅滿足味蕾，完美的視覺演出更為用餐的空間增添情調。另設有可以品茶的茶房。

☎052-622-3899 ⏲11:00～14:00、17:30～21:00，茶房11:00～15:00 休週一（逢假日則翌日休）

色彩豐富的松花堂便當「旅籠」2700日圓。內容依季節而有所不同

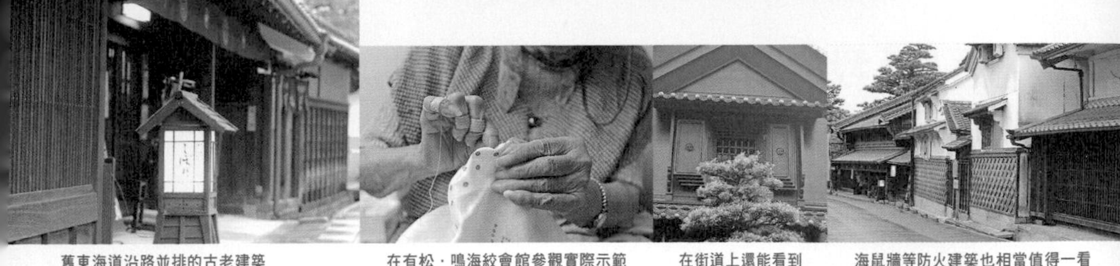

舊東海道沿路並排的古老建築

在有松．鳴海絞會館參觀實際示範

在街道上還能看到古老的土倉

海鼠牆等防火建築也相當值得一看

3 まり木綿 まりもめん
將有松絞染的技法轉化成可愛的圖案

畢業於藝術大學的兩人，運用有松絞染的技法搭配嶄新創意，合作販售自製雜貨的店鋪。顛覆一般人對絞染的印象，店內陳列著各種用色豐富大膽並且符合現代生活的商品，在在都讓人能更貼近絞染。

☎052-693-9030
⌂緑区有松1901 ⏲10:00～18:00
休 週二、三（有不定休）P 有
🚉 名鐵名古屋本線有松站即到
MAP 別冊3B-4

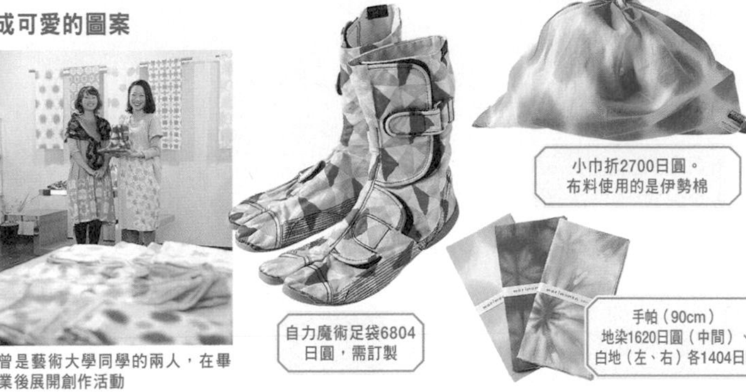

曾是藝術大學同學的兩人，在畢業後展開創作活動

自力魔術足袋6804日圓，需訂製

小巾折2700日圓。布料使用的是伊勢棉

手帕（90cm）地染1620日圓（中間）、白地（左、右）各1404日圓

4 井桁屋 いげたや
在絞染批發老鋪訂做浴衣

1790（寛政2）年創業，傳承九代經營絞染製品製造和販賣的老鋪。這裡有接受浴衣訂製的服務11880日圓起（布料另計）。卯建、塗籠造牆壁和白漆的蟲籠窗等江戶時代的町屋建築也相當值得一看。

☎052-623-1235
⌂緑区有松2313
⏲10:00～17:00 休 不定休 P 有
🚉 名鐵名古屋本線有松站步行4分
MAP 別冊3B-4

絞染扇子 3024日圓

頂級的浴衣布料 21600日圓～、次級 12900日圓～

稍微走遠一點／有松絞染的雜貨

「まり木綿」是在融合傳統技術和摩登設計的品牌「SOU SOU」監製下誕生。

遇見「我的陶器」到常滑散步、參觀陶瓷器

擁有約1000年的歷史，日本六大古窯之一的陶瓷器城鎮。
在這懷舊的散步路線當中，還保留著紅磚瓦煙囪和黑色牆壁的工廠，
同時也有販賣常滑燒的店鋪和藝廊分布其中，向世人傳遞這座城鎮的風雅之趣。

1 陶瓷器散步道 やきものさんぽみち
集合常滑燒的歷史與魅力

分布著常滑燒的窯場、藝廊和咖啡廳的人氣散步路線。除了登窯的煙囪和土管坂，這些只有在陶瓷器產地才能看見的景致之外，還有體驗陶藝製作的窯場，絕對能充分感受到常滑燒的魅力。

散步道 ☎0569-34-8888（常滑市觀光服務處）⌂常滑市栄町 Ⓟ有（可利用常滑市陶瓷器會館，週六、日、假日1日500日圓）🚉名鐵常滑線常滑站步行10分 MAP別冊12B-1

環繞土管和燒酒瓶通稱「土管坂」的坡道，是一處絕不能錯過的拍照紀念景點

2 登窯（陶栄窯）のぼりがま（とうえいがま）
整齊排列著10座紅磚瓦煙囪最值得一看

在約17度的斜坡上連結8座窯室的連房式登窯，曾經從明治20年前後（1887）持續運作到昭和49（1974）年。這是目前市內僅存、在日本也為數極甚少的大型登窯，相當值得一看。

史蹟 ☎0569-34-8888（常滑市觀光服務處）⌂常滑市栄町6 Ⓟ有（可利用常滑市陶瓷器會館，週六、日、假日1日500日圓）🚉名鐵常滑線常滑站步行20分 MAP別冊12B-2

常滑的登窯是在江戶末期由鯖江方救所引進

3 常滑屋 とこなめや
用常滑燒的食器悠閒品茶

可以在大正時代土管工廠改裝的空間內，享受用餐與品茶的樂趣。2F並設有展示及販售常滑燒的藝廊。從當地特產的急須（茶壺）、酒器到食器，各式的常滑燒應有盡有。

藝廊、咖啡廳
☎0569-35-0470
⌂常滑市栄町3-111 ⓛ10:00～16:00（週五18:00～22:00也有營業）休週一 Ⓟ有 🚉名鐵常滑線常滑站步行10分 MAP別冊12B-1

舉辦各式各樣的作品展

咖啡杯組也是常滑燒。下午茶套餐500日圓

急須（茶壺）是常滑燒最具代表性的傳統工藝品

絹朱泥茶壺3800日圓

創作茶壺5000日圓、茶杯2300日圓

薪窯的陶瓷點心盤1500日圓

常滑站附近的「常滑招財貓大道」　販售食器和生活用品的「morrina」店門口　埋入土管廢材的水玉之道　隨處可見討人喜愛的陶瓷工藝品

4 SPACEとこなべ スペースとこなべ
販售簡約的常滑燒

以主要作家和年輕作家的作品為主，販售運用超高技術和傳統手法做出來的常滑燒專門店。店內的商品都是融入日常生活、百看不厭設計下的陶瓷器。

商店 ☎0569-36-3222 常滑市栄町6-204 10:00～16:00、週六、日、假日10:00～17:00 休週三 P有 名鐵常滑線常滑站步行10分 MAP別冊12B-2

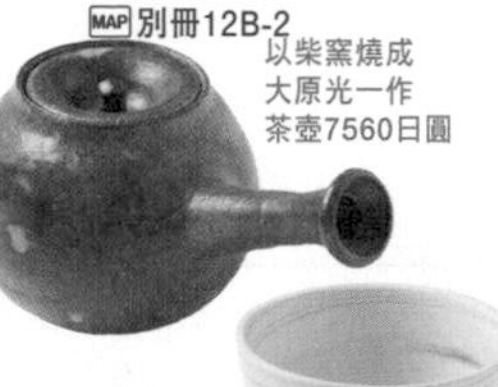
以柴窯燒成
大原光一作
茶壺7560日圓

將超過50年歷史的陶器工坊改裝而成的店內

以常滑的傳統技術做的馬克杯1800日圓

5 ギャラリー煙 ギャラリーえん
動手做可愛的地藏人偶

在附燒窯的古老工廠改裝的藝廊內，有陶藝家永柳光生開設的陶藝體驗教室。人氣的地藏人偶製作是由雙手捏製而成，初次嘗試陶藝的人也能樂在其中。

藝廊、體驗 ☎0569-34-6869 常滑市瀬木町1-3 10:00～17:00(體驗需預約) 休週日 P有 名鐵常滑線常滑站步行15分 MAP別冊12B-2

地藏人偶製作1620日圓。另有各種的手作體驗課程

體驗課程需2日前預約。約1個月後完成，也能幫忙郵寄（付費）

7 ni:no ニーノ
在咖啡廳和商店內觀賞杯皿

販售當地作家作品的商店，也有不少小物和衣服等的雜貨。2樓的咖啡廳，以使用當地蔬菜的午餐和甜點著名。使用當地作家做的杯皿。

居住在常滑的澤田よしえ作品杯子1944日圓

藝廊、咖啡廳 ☎0569-77-0157 常滑市陶郷町1-1 10:00～17:00(午餐為11:30～，賣完即打烊) 休週四 P有(共同) 名鐵常滑線常滑站步行7分 MAP別冊12B-1

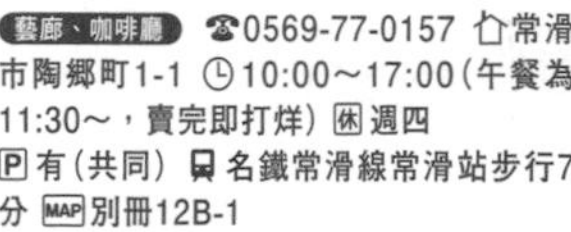

外觀就看得出來質樸的溫馨感

6 morrina モリーナ
精選細緻的手工藝

店鋪販售各種當地陶藝家的器皿和生活用具。著重在職人的手工藝，從日本各地精心選購的商品，每一件皆蘊藏質感，隨著時間經過讓人更加愛不釋手。店內舒適氛圍也相當具有魅力。

商店 ☎0569-34-6566 常滑市栄町7-3 10:00～17:00 休週三 P無 名鐵常滑線常滑站步行10分 MAP別冊12B-1

過去曾經是土管工廠的建築物

手掌大的小花瓶3240日圓

大原光一製作的飯碗2700日圓

午餐就到這
用超值價品嘗知多美味
名代串かつ ○蔵 めいだいくしかつまるぞう

可以在酒廠直營的餐廳裡享用當地特產酒美食。自製味噌的炸串和伊勢灣的魚乾御膳人氣都高。

☎0569-35-2020 常滑市鯉江町5-168-2 名鐵常滑站前購物中心WILL cera內 11:00～14:00(晚餐為預約營業，4人起) 休週四 P有 名鐵常滑線常滑站即到 MAP別冊12A-1

○蔵御膳1080日圓

開車前往時，可利用常滑市陶瓷器會館的停車場（週六、日、假日1日500日圓），相當方便。

各種模樣的“瀨戶物”大集合 現在時下的瀨戶燒精選

最先生產施釉的器皿，同時也是「瀨戶物」語源的瀨戶。
從熟練的職人到獨具個性的年輕陶藝家，
融合傳統和嶄新的思維，激盪出各種不同風格的陶瓷器。

Ⓐ **御深井碗3240日圓**
浮出的青藍色呈現出透明感

Ⓐ **馬眼盤6號2700日圓**
瀨戶獨特的花紋散發著摩登的氣息

Ⓑ **織部水玉碗7560日圓**
美麗的青白圓點圖案宛如珍珠一般

Ⓑ **織部圓盤9180日圓**
令人感受到西山窯第六代的高超技術和質感

什麼是瀨戶織部？

「織部燒」是以千利休的弟子「古田織部」為名的陶瓷器。一開始是對當時佔有流行領導地位的古田織部，在茶道當中所使用的嶄新陶瓷器的總稱。在傳統世界加入嶄新元素，古田織部的心與瀨戶燒有著共通的連結之處。而「瀨戶織部」的魅力，如今也讓許多人為之沈醉。

Ⓐ 瀬戸蔵セラミックプラザ
せとぐらセラミックプラザ

位在能學到各種關於瀨戶燒陶瓷器知識的「瀨戶藏」1F的大型商店。從傳統工藝品到一般生活用的陶瓷器，都能以窯場的直售價格購入。

☎0561-89-5758
瀨戶市蔵所町1-1 瀨戶蔵1F
10:00～18:00 休1個月1次因作業維護公休
P有 名鐵瀨戶線尾張瀨戶站步行5分 MAP121

Ⓑ 西山窯
せいざんがま

在江戶後期開窯，以確實的傳統技法和高藝術性的獨自作風虜獲人心。工房旁的藝廊並設有假日限定的咖啡廳。

☎0561-82-4881
瀨戶市西窯町137 10:00～18:00 休無休(咖啡廳只限週六、日、假日營業) P有 名鐵瀨戶線尾張瀨戶站搭乘名鐵巴士在大松巴士站下車，步行5分 MAP121

Ⓒ ギャラリー太陽
ギャラリーたいよう

本身是陶藝家的老闆，為展示年輕作家的作品而開設的藝廊。憑藉著出眾的品味，精心挑選各種嶄新的瀨戶燒。

☎0561-84-8588
瀨戶市栄町1
11:00～18:00 休週二、三
P無 名鐵瀨戶線尾張瀨戶站步行10分
MAP121

Ⓓ 五春窯 akane studio
ごしゅんがまアカネスタジオ

這間窯場以日常生活所使用的器皿為中心，並不時挑戰創新的製陶方式。在工房2F設有展示販賣的地方。

☎0561-97-6030
瀨戶市窯町315
9:00～18:00 休週日 P有
名鐵瀨戶線尾張瀨戶站搭乘名鐵巴士在品野本町巴士站下車，步行15分 MAP121

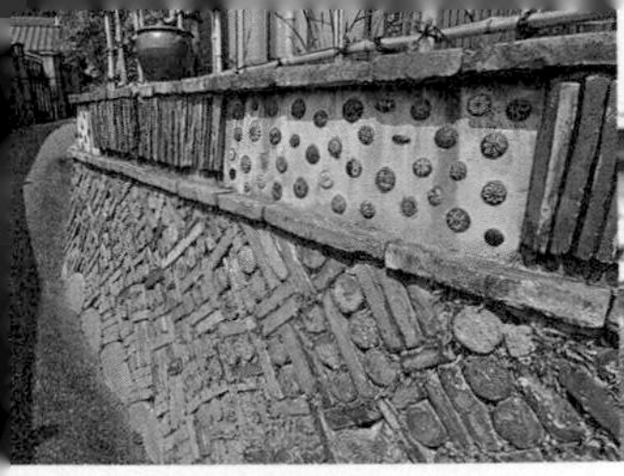

陶瓷器之鄉裡富有風情的散步路「窯垣小徑」

西山窯的店門口

ギャラリー太陽的小貓陶器

五春窯akane studio的工房

Ⓒ **盤子、**
上1296日圓、下1944日圓
有川京子製作的盤子，特色是不帶光澤的質感

Ⓓ **馬克杯對杯4104日圓**
鮮豔的藍和紅色山茶花是手繪而成，有著溫潤的手工製作感覺

Ⓒ **招財貓8640日圓**
創作充滿幻想表情的陶人偶，相場るい児的作品

Ⓓ **織部條紋**
正角盛皿8640日圓
有傳統織部燒的現代感餐盤。盛裝現在的菜色很有休閒風格

Ⓒ **馬克杯2700日圓**
クロノユキコ的作品。樸實的氛圍深具魅力

午餐就到這

MACARONI CAFE&BAKERY

マカロニ カフェアンドベーカリー

堅持自製，麵包、美奶滋和培根等都是手工製成。麵包和義大利麵、2種午間套餐，前菜和配菜也都感受得到季節。自製甜點的塔也富吸引力。

☎0561-88-1211 ⌂瀨戶市祖母懐町45
🕒10:00～17:00(咖啡廳為11:00～)
休 週二 P 有 🚉 名鐵瀨戶線尾張瀨戶站步行15分
MAP 121

麵包午餐1520日圓。也有義大利麵午餐

每年9月第2週六、日，會舉辦瀨戶燒的大型活動「陶瓷祭」，從全國湧入數十萬人潮。瀨戶川岸甚至還有「陶瓷器廉售市集」。

好想住一次
讓人嚮往的豪華飯店

若是計畫來一趟小型的貴婦之旅，首要堅持的便是飯店的選擇。
除了飯店人員親切的服務之外，更不能錯過夜晚的名古屋港和鬧區夜景，
早晨還可飽覽南阿爾卑斯的清爽景致。

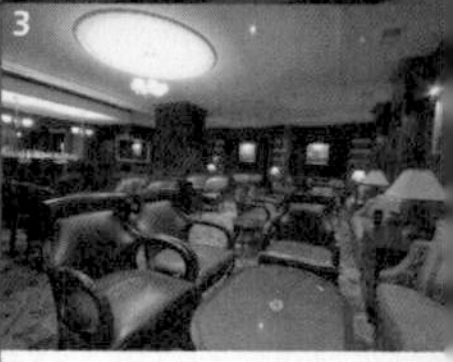

1豪華的雙床房 2館內以歐洲風格的裝潢擺飾營造出一體感 3營業到凌晨1:00的酒吧「ESTMARE」

地點絕佳！在超高層房間度過優雅的一晚

名古屋萬豪飯店 ‖名駅‖ なごやマリオットアソシアホテル

飯店位在52層建築的JR中央雙塔，並且全部客房都集中在20～49F的高樓層，讓人遠離都市喧鬧有如身處在另一個世界當中。夜晚眺望奢華的美景，翌日早晨品嘗悠閒的早餐…能在此感受到至高無上的住宿體驗。同時館內從和食、法國料理、中餐到鐵板燒，匯集各類型的餐廳可供選擇。再加上和JR名古屋站相連的地利之便，以及能輕鬆到樓下百貨享受購物的樂趣，都讓這裡充滿無限的魅力。

☎052-584-1111
⌂中村区名駅1-1-4
ⓘIN14:00　OUT12:00
㊡無休 ¥T37000日圓～、W34000日圓～ Ⓟ有 JR名古屋站即到
MAP別冊6B-4

推薦專案

●萬豪 附早餐住宿
1泊附早餐（早餐可在PERGOLA享用和洋式的自助餐，或是選擇客房服務的萬豪早餐）
1房2人住宿時1人19400日圓～

門口的服務人員親切來迎接

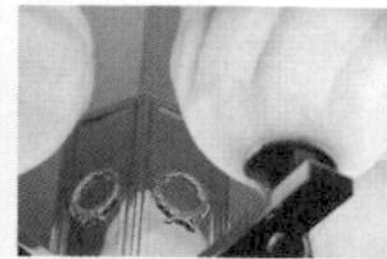
散發高級感的擺飾極具魅力！

在眼前煎炒完成的鐵板燒

15樓「SCENERY」的甜點風味絕佳

也可以利用客房服務享用早點

※上述的費用是指房間的價錢。S＝單人房、T＝雙床房、W＝雙人房。S是1人、T和W則是 2人住宿1晚的房價。

不用住宿也能享受豪華飯店的服務

名古屋萬豪飯店52F的「ZENITH」在雞尾酒時段的現場表演，或是名古屋希爾頓酒店中午的人氣自助餐等，這類充滿魅力的活動也相當豐富。

世界各地的名流也為之臣服的一流飯店

名古屋希爾頓酒店

‖伏見‖ヒルトンなごや

位在名古屋站和榮的中間地點，外資經營一流飯店。為提供精緻的服務，6間餐廳和酒吧均為希爾頓直營。同時能在地下1F的「希爾頓廣場」享受精品購物的樂趣。

推薦專案

●**簡單住宿**
1泊附早餐
1房1人住宿時 1人19602日圓
※金額和內容可能有所更動

●**貓狗同住**
1泊附早餐、與寵物同住
1房2人住宿時 1人30796日圓
※金額和內容可能有所更動

↑散發著高級感的大門入口

☎052-212-1101
⌂中区栄1-3-3
ⓛIN14:00 OUT12:00
休 無休 ¥T・W29200日圓～
P 有 🚉 地下鐵東山線、鶴舞線伏見站步行3分 MAP 別冊6D-4

1 充滿舒適氛圍的豪華客房 2 提供健康餐點的「The Terrace」
3 擁有100種以上菜色的希爾頓早餐

能獨享名古屋夜景的奢華住宿

ANA Crowne Plaza Hotel Grand Court Nagoya

‖金山‖エーエヌエークラウンプラザホテルグランコートなごや

位在名古屋的副都心金山地區，是當地的知名地標。從客房眺望的景致絕美。可以看到北側的飛驒山脈、南側的名古屋港和名港三大橋的風景。而且隔壁就是名古屋波士頓美術館。

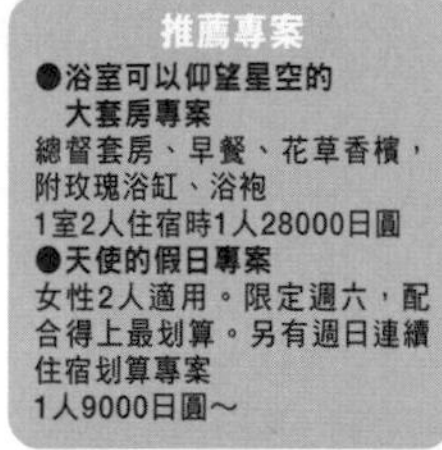

推薦專案

●**浴室可以仰望星空的大套房專案**
總督套房、早餐、花草香檳，附玫瑰浴缸、浴袍
1室2人住宿時1人28000日圓

●**天使的假日專案**
女性2人適用。限定週六，配合得上最划算。另有週日連續住宿划算專案
1人9000日圓～

☎052-683-4111(代)
⌂中区金山町1-1-1
ⓛIN14:00
OUT12:00 休 無休
¥S20000日圓～、T33000日圓～、W28000日圓～P 有
🚉 JR金山站即到 MAP 別冊5B-4

↑會合地點就選在大廳

1 總督套房 2 豪華的早餐也是樂趣之一
3 享受放鬆身心的時間

能在ANA Crowne Plaza Hotel Grand Court Nagoya的2F咖啡館餐廳「ORCHID GARDEN」，以自助餐的形式品嘗到世界各國的料理。

想要不受時間拘束盡情遊玩 方便自如的市區飯店

從早晨的早餐到夜景晚餐，若是有很多想做的事
建議可以下榻在市區便利的城市飯店。
飯店特有的優質服務也極具魅力。

名古屋站
步行4分

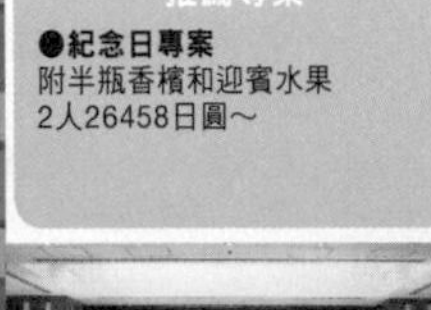

推薦專案

●紀念日專案
附半瓶香檳和迎賓水果
2人26458日圓～

↑大套房→在充滿N.Y風格的餐廳酒吧「WHIZZ by Cypress」品嘗雞尾酒

落ち着きのある大人のホテル

ザ サイプレス メルキュールホテル 名古屋

ザサイプレスメルキュールホテルなごや

館內陳列著典雅的配件設備，彷彿優雅的成熟大人的私房會館。客房分成4種類型。在餐廳酒吧「WHIZZ by Cypress」內，能品嘗到正統的法式料理和嚴選的葡萄酒等。

☎052-571-0111 ⌂中村区名駅2-43-6
ⓛIN15:00 OUT12:00 ¥T13900日圓～、W10800日圓～
Ⓟ有(停車場1晚1030日圓)
🚉JR名古屋站步行4分 MAP別冊7B-3

新幹線出口即到的絕佳地段

名鐵新格蘭飯店

めいてつニューグランドホテル

飯店就建在太閣通口的正對面，從名古屋站的新幹線出口即到，同時和地下街ESCA相連，在交通上來說非常方便。價格合理的費用設定，加上兼具機能性和舒適性的空間，與無微不至的服務更是贏得許多老客戶的喜愛。

☎052-452-5511 ⌂中村区椿町6-9 ⓛIN14:00 OUT11:00
¥S11300日圓～、T20600日圓～、W16500日圓～ Ⓟ有
🚉JR名古屋站即到 MAP別冊6A-4

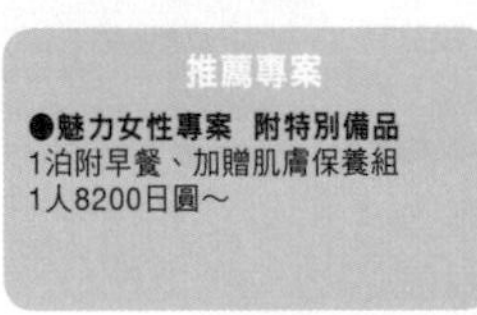

推薦專案

●魅力女性專案 附特別備品
1泊附早餐、加贈肌膚保養組
1人8200日圓～

名古屋站
即到

↑2011年重新裝潢成摩登的標準雙床房
←從新幹線的大廳也能看到

矢場町站
步行3分

推薦專案

●悠閒飽眠的雙人專案
1泊附早餐 限1房2人入住（也可女性2人同住）1人6300日圓～、退房12時

↑房內特色是大窗戶帶來明亮的氛圍
→從地下鐵矢場町站即到的好地段

位於名古屋PARCO、最適合市內觀光的飯店

名古屋克雷斯頓酒店

なごやクレストンホテル

飯店位在名古屋PARCO西館的9～11樓。由於地處百貨、餐飲和精品店匯集的區域，因此可以充分享受購物的樂趣。而10樓的酒吧「Queen's」則是一處在市區內也鮮少人知，能欣賞到絕佳夜景的場所。

☎052-264-8000 ⌂中区栄3-29-1
ⓛIN15:00 OUT11:00 ¥S7800日圓～、T13000日圓～、W11000日圓 Ⓟ有 🚉地下鐵名城線矢場町站步行3分 MAP別冊10D-3

※上述的費用是指房間的價錢。S＝單人房、T＝雙床房、W＝雙人房。S是1人、T和W則是 2人住宿1晚的房價。

獨有服務招攬客人的市區飯店

東京第一酒店錦店的禁煙房，以及BEST WESTERN Hotel Nagoya的女性專用樓層等，不少飯店也開始提供更充實、且具有特色的優質服務。

可以依照需求選擇房型

名古屋國際大酒店

なごやこくさいホテル

從標準客房到行政客房、甚至是和室，客房的類型相當廣泛。並且在7間餐廳和酒吧當中，也有平日營業至深夜2時的地方，讓顧客能不受時間拘束徹底放鬆休息。

☎052-961-3111 ⌂中区錦3-23-3
ⓛIN14:00 OUT12:00 ¥S5000日圓～、T・W9000日圓～
P有 🚉地下鐵東山線、名城線榮站即到
MAP別冊11C-1

推薦專案

●商旅專案
1泊（限1人住宿）1人7500日圓

↑也有季節限定的住宿專案 ←在市中心卻能遠離喧囂的靜謐空間

榮站即到

推薦專案

●東山動物園專案
1泊小雙人房
1房2人住宿時1人4750日圓～
※包含動物園門票

↑寬敞的雙床房
→榮站即到，往各方面的交通都非常便利

擁有許多豐富的超值住宿專案

東京第一酒店錦店

とうきょうだいいちホテルにしき

飯店就位在榮的錦通旁。建議可以搭配旅遊目的選擇各種的住宿專案。多樣化的衛浴設備也是這間飯店的特色之一。同時備有多種如動物園或水族館等周遊名古屋觀光景點的套裝專案，非常超值。

☎052-955-1001 ⌂中区錦3-18-21 ⓛIN14:00 OUT11:00
¥S11000日圓～、T18000日圓～、W16000日圓 P有
🚉地下鐵東山線、名城線榮站即到
MAP別冊9C-4

在女性專用樓層悠閒安心的住宿

BEST WESTERN Hotel Nagoya

ベストウェスタンホテルなごや

飯店的女性專用客房因能安心入住且舒適而享有人氣，同時這裡的優惠專案也很豐富。除了客房內嚴選的備品和離子保溼美顏器之外，電梯大廳甚至設有女性雜誌的閱覽專區。

☎052-263-3411 ⌂中区栄4-6-1 ⓛIN13:00 OUT11:00
¥S15000日圓～、T27000日圓、W20000日圓～
P簽約停車場 🚉地下鐵東山線、名城線榮站步行4分
MAP別冊10F-1

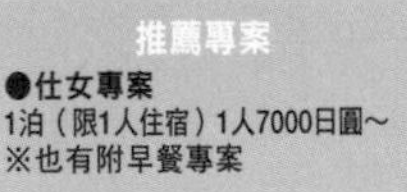

推薦專案

●仕女專案
1泊（限1人住宿）1人7000日圓～
※也有附早餐專案

↑床墊是能舒適入眠的席夢思
←周邊有許多販賣名古屋知名美食的餐館

BEST WESTERN Hotel Nagoya的大廳有精油薰香，客房裝潢也走摩登設計，虜獲女人心的氛圍深具魅力。

放鬆&美容
在美容療程豐富的飯店享受奢侈的住宿

遠離日常的旅行，是犒賞自己平日的努力。
就在飯店的沙龍，為一天的旅途畫下完美的句點。
徹底放鬆的極致療程，重新喚醒身心靈的美麗之神。

眺望名古屋城的同時 讓身心煥然一新

威斯汀 名古堡城堡大飯店

‖名古屋城西‖

綠意盎然的名城公園和名古屋城就近在眼前，同時還有3種SPA療程可供選擇，絕對能讓身心煥然一新。另外也可利用名城公園內的散步路線，活動一下身體也很不錯。

☎052-521-2121 ⌂西区樋の口町3-19 ⓒIN15:00 OUT12:00 ¥T24948日圓～、W20196日圓～ Ⓟ有 地下鐵鶴舞線淺間町站步行10分 MAP別冊5B-1

放鬆&美容專案

●個人專屬 Spa Stay
住宿1晚spa施術&附早餐，1房2人住宿的「標準行程」1人29000日圓、「經典行程」1人32000日圓、「精選行程」1人40000日圓（限女性）※3日之前需預約，～2016年3月31日。

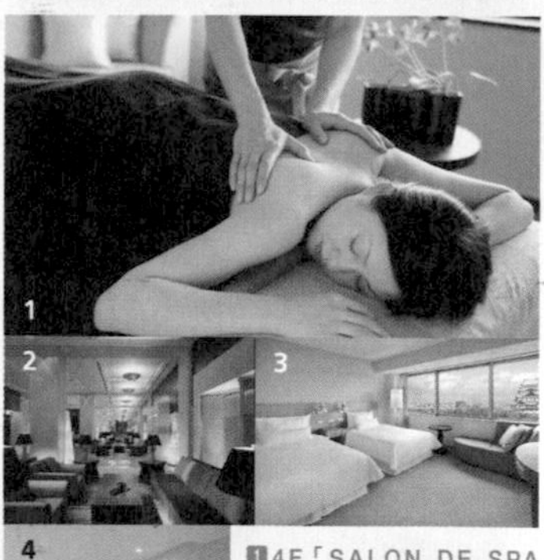

1 4F「SALON DE SPA MONA」的療程有多種選擇 2 融合東西方的摩登空間 3 在高級客房度過悠閒的時間 4 名古屋第一間正統的飯店SPA

提供放鬆舒適的 奢侈時光

名古屋觀光大飯店

‖伏見‖なごやかんこうホテル

1936（昭和11）年開業，是名古屋相當具有代表性的豪華飯店。下榻最頂樓客房的女子會專案，除了有甜點的自助餐之外，還附贈「Moet & Chandon」整瓶酩悅香檳，讓客人能在此度過一段悠閒奢侈的時光。

放鬆&美容專案

●住宿女子會專案

晚餐在「Le Sud」享用附有自助甜點的精選5晚餐，贈送1瓶香檳酒。備有奈米離子保溼美顏器、加濕器、睡袍、浴袍；延後退房14時
2房3人住宿時39000日圓～

☎052-231-7711 ⌂中区錦1-19-30 ⓒIN14:00 OUT12:00 ¥S15000日圓～、T28000日圓～、W24000日圓～ Ⓟ有 地下鐵東山線、鶴舞線伏見站即到 MAP別冊11A-1

1 想在寬廣的房間度過一段特別的時光
2 能以自助餐的形式享用外觀也超可愛的甜點
3 讓女生大為欣喜的特別服務奈米保溼美顏器

在客房內體驗極致的 紓壓享受

Nagoya Tokyu Hotel

‖榮‖なごやとうきゅうホテル

以歐式高雅為概念的豪華飯店。優雅的「Grace樓層」客房都使用抗菌效果優越的床墊。仕女房等單人房全面使用大型的床。

放鬆&美容專案

●仕女專案EASY
～附客房服務早餐～
女性一個人可以在飯店內悠閒放鬆身心。客房是2014年翻新的Grace樓層，第二天早上可以不化妝在自己的房間內享用早餐。附女性用備品組和行政客房特惠（女性限定）
15000日圓～（1室1人時）

☎052-251-2411 ⌂中区栄4-6-8 ⓒIN14:00 OUT12:00 ¥S16500日圓～、T34500日圓～、W28000日圓～ Ⓟ有 地下鐵東山線、名城線榮站步行8分 MAP別冊10F-1

1 仕女房內還附了炭酸泉淋浴設備 2 放鬆身心的Panasonic按摩椅 3 可以在行政商務沙龍享用午茶和夜晚的酒吧

上述的費用是指房間的價錢。S＝單人房、T＝雙床房、W＝雙人房。S是1人、T和W則是 2人住宿1晚的房價。

還有許許多多 名古屋的住宿資訊

這裡將介紹市區裡的推薦飯店。即使在榮或名站遊玩到深夜，若是事先預約附近的飯店就不用擔心

C 可使用信用卡　煙 有禁煙房
寬 單人房為20m²以上
正常的退房時間為11時以後　提供專為女性的 服務

城堡廣場大飯店 C 煙
キャッスルプラザ

☎052-582-2121 ¥S11880日圓～、T21600日圓～、W20520日圓～
室236室 IN13:00 OUT11:00
JR名古屋站步行5分 P有 MAP別冊7C-3
POINT有多間能輕鬆享用的酒吧和餐廳。

名古屋站前大和ROYNET酒店 C 煙
ダイワロイネットホテルなごやえきまえ

☎052-541-3955 ¥S7500日圓～、T14500日圓～、W10500日圓
室188室 IN14:00 OUT11:00 JR名古屋站櫻通口步行6分 P有各種限制、先到的32輛 MAP別冊6B-5
POINT女性專用客房備有腳底按摩機。

名鐵格蘭得飯店 C 煙
めいてつグランドホテル

☎052-582-2211 ¥S11800日圓～、T24700日圓～、W18200日圓～
室241室 IN14:00 OUT11:00
JR名古屋站即到 P有 MAP別冊6B-4
POINT直通名古屋站，交通非常方便。

名古屋太陽道廣場大飯店 C 煙
ホテルサンルートプラザなごや

☎052-571-2221 ¥S9504日圓～、T17280日圓～、W16200日圓～
室275室 IN14:00 OUT11:00 JR名古屋站步行5分
P有 MAP別冊7A-2
POINT2006年全館整修翻新，設施齊全。

Hotel Mystays 名古屋榮 C 煙
ホテルマイステイズなごやさかえ

☎052-931-5811 ¥S7000日圓～、T14800日圓～、W15800日圓
室270室 IN14:00 OUT11:00
地下鐵東山線、名城線榮站步行7分 P有 MAP別冊10F-1
POINT館內兼具時髦的設計感和優越的功能性。

NAGOYA SAKAE TOKYU REI HOTEL 
なごやさかえとうきゅうイン

☎052-251-0109 ¥S9720日圓～、T17280日圓～、W19440日圓～
室297室 IN15:00 OUT10:00 地下鐵東山線、名城線榮站步行8分
P有 MAP別冊11C-2
POINT全部客房皆配置高速網路設備

HOTEL NAGOYA GARDEN PALACE 
ホテル名古屋ガーデンパレス

☎052-957-1022 ¥S6000日圓～、T15740日圓～室178室
IN15:00 OUT10:00 地下鐵東山線、名城線榮站步行5分 P有 MAP別冊9C-4
POINT也可租借女性人氣的奈米保濕美顏器等用品。

榮
LAGUNASUITE HOTEL&WEDDING C 煙
ラグナスイートホテルアンドウエディング

☎052-954-0081 ¥S9288日圓～、T14580日圓～、W15120日圓～
室84室 IN15:00 OUT11:00
地下鐵東山線、名城線榮站步行4分 P有 MAP別冊9C-4
POINT以都市度假村為概念的時尚空間。

伏見
HAMILTON HOTEL-RED- C 煙 広
ハミルトンホテル-レッド-

☎052-203-8310 ¥T16000日圓～、W15000日圓～ 室53室
IN14:00 OUT11:00 地下鐵東山線、鶴舞線伏見站步行4分
P無 MAP別冊11B-2
POINT全部客房為25 m²的寬敞空間，並採用席夢思的床墊。

伏見
Nagoya Crown HOTEL 
なごやクラウンホテル

☎052-211-6633 ¥S6700日圓～、T11400日圓～、W12400日圓
室613室 IN15:00 OUT10:00
地下鐵東山線、鶴舞線伏見站步行5分 P有 MAP別冊6D-5
POINT在天然溫泉的大浴場重新獲得能量。

伏見
名古屋B's酒店 C 煙
なごやビーズホテル

☎052-220-3131 ¥S6700日圓～、T12000日圓～、W(小雙人床)8500日圓～ 室328室 IN15:00 OUT11:00 地下鐵東山線、鶴舞線伏見站步行5分 P有 MAP別冊6D-4
POINT大浴場和三溫暖設施完善。免費的早餐備受好評。

丸之內
KKR HOTEL NAGOYA C 煙
ケーケーアールホテルなごや

☎052-201-3326 ¥S7100日圓～、T10400日圓～、W9300日圓～ 室106室 IN15:00 OUT11:00 地下鐵鶴舞線丸の內站步行8分 P有 MAP別冊9A-1
POINT從客房和餐廳能眺望到名古屋城。

金山
CYPRESS GARDEN HOTEL C 煙
サイプレスガーデンホテル

☎052-679-1661 ¥S10900日圓～、T21600日圓～
室203室 IN14:00 OUT11:00 JR金山站即到
P有 MAP別冊5B-4
POINT雖在市中心卻被綠意環繞的時尚空間。

榮
Princess Garden Hotel C 煙
プリンセスガーデンホテル

☎052-262-4111 ¥S9000日圓～、T18000日圓～、W14000日圓～
室196室 IN14:00 OUT12:00 地下鐵東山線、名城線榮站步行8分
P有 MAP別冊11C-2
POINT館內也有正統的法國料理餐廳。

※上述的費用是指房間的價錢。S＝單人房、T＝雙床房、W＝雙人房。S是1人、T和W則是 2人住宿1晚的房價。

前往名古屋的交通方式

移動本身也是旅行的一個部分，所以希望能夠又快又舒適。
這次旅程能夠更愉快的，
一目瞭然的就是「co-Trip」的交通方式了。

從各地前往名古屋

若是新幹線或電車，可一路直達名古屋站。
飛機的話，則從中部國際機場搭乘名鐵電車。

名古屋的玄關口是新幹線、JR在來線、近鐵和名鐵等所有電車匯集的名古屋站。若是搭乘飛機時，則是要到中部國際機場新特麗亞。從機場到名古屋站，搭乘名鐵的空港特急「ミュースカイ μ-SKY」不需換車，只要28分即可輕鬆抵達。

迷路的話就到觀光服務處

若是在自由行途中，不知如何前往目的地時，就到觀光服務處詢問吧。如果是在名古屋站，可前往位在中央廣場的觀光服務處。中部國際機場則是到交通廣場中央的綜合訊問處。另外在金山綜合站和榮的綠洲21內也都設有服務中心可供諮詢。

出發地點	交通工具	路線	需時	價格
東京	新幹線	**東京站**→新幹線のぞみ→**名古屋站**	約1小時43分	11090日圓
大阪	新幹線	**大阪站**→新幹線のぞみ→**名古屋站**	約52分	6560日圓
	JR・私鐵	**大阪難波站**→近鐵特急→**近鐵名古屋站**	約2時間20分	4260日圓
札幌	飛機	**新千歳機場**→JAL·ANA→**中部國際機場**→名鐵空港特急「μ-SKY」→**名古屋站**	約2小時58分	42770日圓
仙台	飛機	**仙台機場**→ANA→**中部國際機場**→名鐵空港特急「μ-SKY」→**名古屋站**	約2小時32分	32880日圓
福岡	飛機	**福岡機場**→ANA→**中部國際機場**→名鐵空港特急「μ-SKY」→**名古屋站**	約2小時33分	29370日圓
	新幹線	**博多站**→新幹線のぞみ→**名古屋站**	約3小時21分	18540日圓
廣島	新幹線	**廣島站**→新幹線のぞみ→**名古屋站**	約2小時14分	14230日圓
金澤	JR・私鐵	**金澤站**→JR特急しらさぎ→**名古屋站**	約3小時	7330日圓
高松	JR・私鐵 新幹線	**高松站**→JR快速マリンライナー→**岡山站**→新幹線のぞみ→**名古屋站**	約2小時50分	11300日圓

也可以搭乘巴士旅行

巴士旅行既是不必轉乘的輕鬆旅程，也比新幹線和飛機更便宜。巴士有夜行、日間等眾多的班次，搭乘夜行巴士時，還可以在當地玩個1整天。搭巴士出遊之前，別忘了先訂票和弄清楚搭車地點。

用青春18旅遊通票的慢行之旅

青春18旅遊通票（青春18きっぷ）是可以1整天無限制搭乘JR的快速、普通電車的車票，悠閒地搭著火車的慢行之旅，說不定在途中會有什麼想不到的新發現呢。一張票可以用5日（人），11850日圓。配合春假、暑假、寒假期間發售。

※航空票價為2015年2月的一般票價。依時期會有所變動。

 符號說明 飛機 新幹線 JR·私鐵 巴士

名古屋站是「世界最大的車站大樓」

名古屋站所在的JR中央雙塔高245m、整棟總佔地面積41萬m²，堪稱世界最大的車站大樓之一。

電車

JR東海、電話中心 …………☎(050)3772-3910

JR西日本、顧客中心 …………☎(0570)00-2486

JR東日本、諮詢中心 ……☎050-2016-1600其他

近鐵、電話中心（名古屋）…………☎(052)561-1604

近鐵、電話中心（大阪）…………☎(06)6771-3105

飛機

ANA（全日空）…………☎(0570)029-222

JAL（日本航空）…………☎(0570)025-071

co-Trip推薦可使用行動電話的網站

國內線.com（日文網站）
可以檢索、購買日本國內航空公司的路線
http://m.kokunaisen.com（行動電話）
http://www.kokunaisen.com/（PC）

駅前探検倶楽部（日文網站）
可以檢索飛機電車的時刻、票價
http://1069.jp（行動電話）
http://ekitan.com/（PC）

札幌 新千歲機場
仙台 仙台機場
東京 東京國際機場（羽田）
金澤
名古屋
京都
中部國際機場
大阪（新大阪）
廣島
（博多）福岡
福岡機場
高松

靈活運用飛機的折扣機票

航空公司都會提供像是購買雙程票，或是早鳥票、特定班次機票等的折扣票種。活用每家航空公司都會推出的折扣機票制度，享受一趟低廉的空中之旅吧。

從周邊前往名古屋

從岐阜方面是搭乘JR東海道線或名鐵，而從三重方面則是搭乘JR關西線或近鐵。

從岐阜前往名古屋，可利用JR東海道線或是名鐵電車。從岐阜站搭乘JR新快速需20分，名鐵特急25分。從三重方面，則是搭乘JR關西本線或近鐵電車。從津站到名古屋站，JR、近鐵都約1小時內即可到達。

出發地點	交通工具	路線	需時	價格
岐阜	JR・私鐵	**岐阜站**→JR新快速→**名古屋站**	約20分	470日圓
	JR・私鐵	**名鐵岐阜站**→名鐵特急→**名鐵名古屋站**	約30分	550日圓
三重	JR・私鐵	**津站**→近鐵特急→**近鐵名古屋站**	約50分	1910日圓
	JR・私鐵	**津站**→JR快速みえ→**名古屋站**	約1小時	1790日圓

從名古屋站前往各地區

名古屋站內有JR、名鐵和近鐵通往各地，請事先確認前往目的地的電車和路線。

位在中部國際機場的常滑和知多方面等地，欲前往主要的觀光區利用名鐵電車都相當方便。瀨戶和有松也是只要搭名鐵就能輕鬆抵達。

出發地點	交通工具	路線	需時	價格
有松	JR・私鐵	**名鐵名古屋站**→名鐵→**有松站**	約20分	350日圓
常滑	JR・私鐵	**名鐵名古屋站**→名鐵特急→**常滑站**	約40分	660日圓
瀨戶	JR・私鐵	**榮町站**→名鐵特急→**尾張瀨戶站**	約30分	450日圓

名古屋觀光遊覽巴士「メーグルME～GURU」

周遊名古屋市內主要觀光景點的「名古屋觀光路線巴士（なごや 光ルートバス）」每天都營運（週一（逢假日則翌平日）和過年期間（12月29日～1月3日）停駛）。週六、日、假日每20～30分一班，週一之外的平日則30分～1小時一班車。均為名古屋站前出發，繞行Noritake的森林和名古屋城、德川美術館、電視塔等景點。限定搭乘名古屋觀光路線巴士的500日圓1DAY車票，則1天之中可以無限搭乘。

也有這種車票

名古屋市交通局　ドニチエコきっぷ 週末環保車票

在週六、日、假日和每月的8日，大人600日圓、兒童300日圓，1日內可無限搭乘市巴士和地下鐵的乘車券。並且只要出示當日使用的週末環保車票，還能在特定設施和餐飲店享有折扣等優惠。詳情請參照交通局的官方網站。http://www.kotsu.city.nagoya.jp

名鐵電車　まる乗り1DAYフリーきっぷ 一日自由乘車票

3000日圓的車票包含單軌列車線，能在1日內無限制搭乘名鐵電車全線。另外在10～16時的上午時段，由於可以不需額外付費搭乘特別車（無法指定座位），因此建議乘坐飛機由中部國際機場進入名古屋的同時，可繞到郊外走走。

在市中心移動基本上是搭乘地下鐵

在名古屋中心移動利用地下鐵極為方便。除了連結名古屋~榮的東山線，其他還包括6條路線。能在1日內無限制搭乘名古屋市內的地下鐵、市巴士的「一日乘車券」，地下鐵、巴士全線用850日圓，地下鐵全線用740日圓，巴士全線用600日圓。週六、日、假日和每月8日另有週末環保車票。（→P.130）

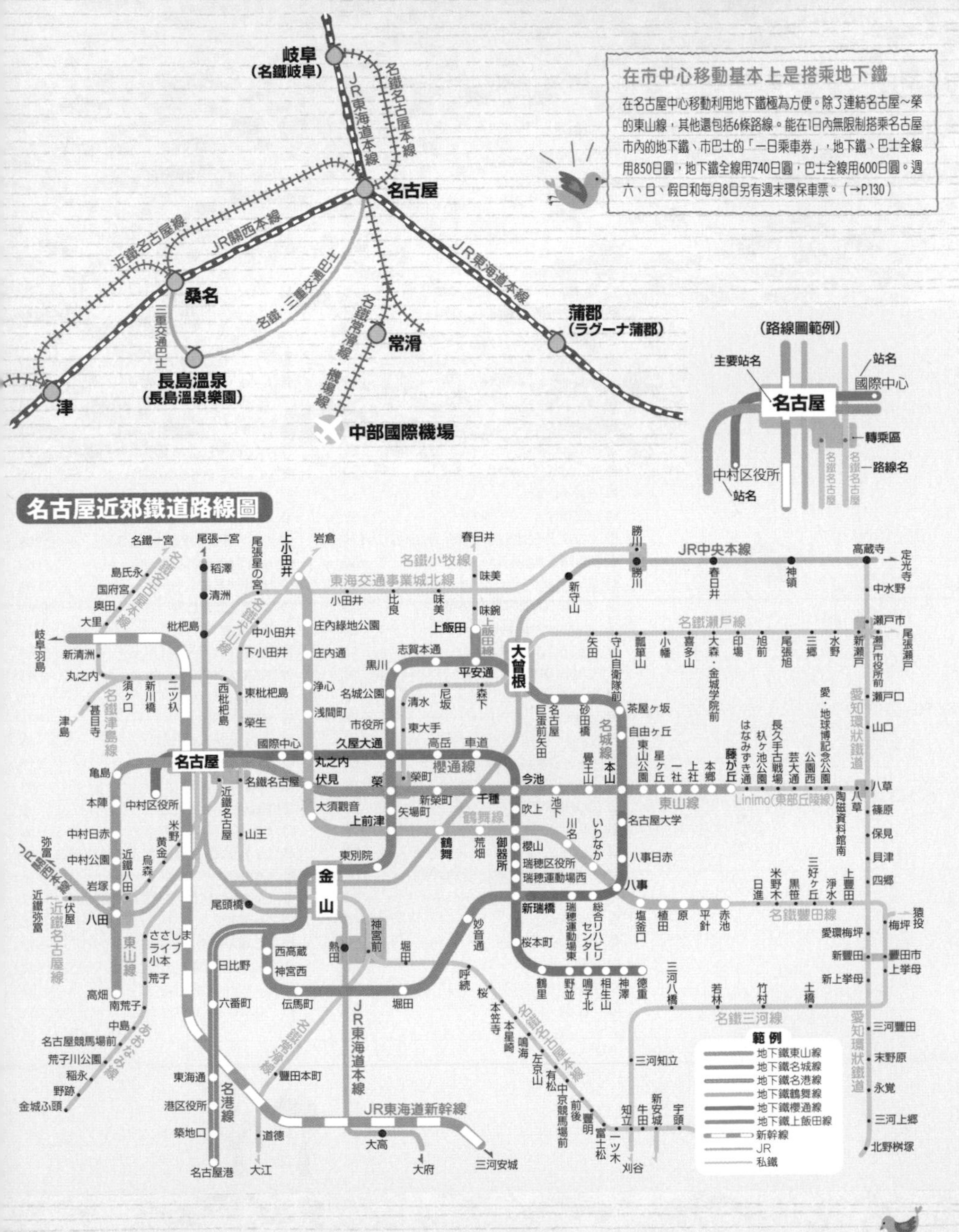

英文字母

日文假名

景 主要景點 R 餐廳 C 咖啡廳 S 商店 H 飯店 B 美容

二劃～五劃

六劃

主要景點 R 餐廳 C 咖啡廳 S 商店 H 飯店 B 美容

ことりっぷ co-Trip 小伴旅

名古屋

【co-Trip日本系列 16】

名古屋小伴旅

作者／MAPPLE 昭文社編輯部
翻譯／張雲清
編輯／甘雅芳
發行人／周元白
製版印刷／長城製版印刷股份有限公司
出版者／人人出版股份有限公司
地址 ／ 23145新北市新店區寶橋路235巷6弄6號7樓
電話／（02）2918-3366（代表號）
傳真／（02）2914-0000
網址／www.jjp.com.tw
郵政劃撥帳號／
16402311人人出版股份有限公司

經銷商
聯合發行股份有限公司
電話／（02）2917-8022

第一版第一刷／2014年8月
修訂第二版第一刷／2015年11月
定價／新台幣300元

國家圖書館出版品預行編目(CIP)資料

名古屋小伴旅 / MAPPLE昭文社編輯部作；張雲清翻譯. -- 修訂第二版. -- 新北市：人人, 2015.11
面； 公分. -- (co-Trip日本系列；16)
譯自：名古屋
ISBN 978-986-461-025-9(平裝)

1.旅遊 2.日本名古屋
731.74819 104023814

LLM

●本書提供的，是2015年1月～2月的資訊。由於資訊可能有所變更，要利用時請務必先行確認，因日本調高消費稅，各項金額可能有所變更；部分公司行號可能標示不含稅的價格。此外，因為本書中提供的內容而產生糾紛和損失時，本公司礙難賠償，敬請事先理解後使用本書。
●電話號碼提供的都是各設施的詢問電話，因此可能會出現非當地號碼的情況。因此使用衛星導航等設備查詢地圖時，可能會出現和實際不同的位置，敬請注意。
●各種費用部分，入場券部分的標示以大人的票價為基準。
●開館時間、營業時間，以到停止入館的時間之間，或是到最後點餐時間之間為基準。
●不營業的日期，只標示公休日，不包含臨時停業或盂蘭盆節和過年期間的休假。
●住宿費用的標示，是淡季平日2人1房入宿時的1人份費用。但是部分飯店，也可能房間為單位來標示。
●交通標示出來的是主要交通工具的參考所需時間。
●本文內詢問處基本上使用的語言是日文，請注意。

●本書掲載の地図について
この地図の作成に当たっては、国土地理院長の承認を得て、同院発行の1万分1 地形図　2万5千分1地形図　5万分1地形図　20万分1 地勢図、数値地図(国土基本情報)電子国土基本図(地図情報)、数値地図(国土基本情報)電子国土基本図(地名情報)、数値地図(国土基本情報)基盤地図情報(数値標高モデル)、電子地形図25000及び基盤地図情報を使用した。(承認番号　平25情使、第1006-153999号　平25情使、第1007-153999号　平25情使、第1008-153999号　平25情使、第1018-153999号)

※本書內頁紙張採敦榮紙業進口日本王子70g自然白松厚紙

※本書系凡有「修訂」二字，表示內容有所修改。「修訂～刷」表示局部性或大幅度修改，「修訂～版」表示全面性改版修訂。